Victor Hensen

Über das Auge einiger Cephalopoden

Victor Hensen

Über das Auge einiger Cephalopoden

ISBN/EAN: 9783744669214

Hergestellt in Europa, USA, Kanada, Australien, Japan

Cover: Foto ©ninafisch / pixelio.de

Weitere Bücher finden Sie auf **www.hansebooks.com**

ÜBER DAS AUGE

EINIGER

CEPHALOPODEN.

VON

V. HENSEN,

PROFESSOR DER PHYSIOLOGIE IN KIEL.

MIT 10 TAFELN, WOVON 2 IN FARBENDRUCK.

LEIPZIG,

VERLAG VON WILHELM ENGELMANN.

1865.

Abdruck aus der Zeitschrift f. wissensch. Zoologie XV. Bd.

Inhalt.

Es gewährten im Herbst 1863 einige »horae Tergestinae« das Material für die vorliegende Arbeit. Leider war die Zeit (zehn Tage) zu sparsam bemessen, als dass die Untersuchung frischer Augen recht durchgeführt werden konnte, aber eine Anzahl derselben, von Eledone, Sepia, Sepiola und Loligo frisch in die *H. Müller*'sche chromsaure Kalilösung geworfen, erhärteten so gut, dass sie als Untersuchungsobject dienen konnten. Da mir später ein Nautilus durch meinen Freund *Keferstein* zur Verfügung gestellt ward, den das Göttinger Museum Herrn *Bleeker* aus Haag verdankte und ich *Keferstein* für einige Heteropoden gleichfalls zu danken habe, so zog ich auch deren Augen, ebenso auch das von Helix, Pecten und Arca in die Untersuchung hinein.

Da jetzt vielfach urgirt wird, dass durch Chromsäuregerinnung Täuschungen veranlasst würden, will ich bemerken: Ich habe in dieser Arbeit den Zelleninhalt keiner Untersuchung unterworfen, weil die Gerinnungen das unmöglich machen. Von den gröbern Elementen waren einzelne als Gerinnungsproducte sicher nachzuweisen, hin und wieder, namentlich bei den Stäbchen, konnte ich nicht weiter vordringen, weil die Chromsäurewirkung zu sehr störte. Im Allgemeinen aber fühle ich mich sicher, durch den Erhärtungsprocess n i c h t getäuscht zu sein. Das regelmässige Verhalten der Zellen und Zellenderivate, ihre gesetzmässige Lagerung, die Geschmeidigkeit und Elasticität der Fasern, endlich ihr Verhalten zum Carmin sind Anhaltspuncte, die, wie ich meine, es dem Mikroskopiker, der sich anhaltend mit den Theilen beschäftigt und sie durchsucht, der sie namentlich auch unter dem Mikroskop mit der Nadel behandelt, n i c h t g e s t a t t e n, ohne Misstrauen zu schöpfen, Gerinnungen für organisirte Bildungen zu halten und in das Bild des organischen Zusammenhanges aufzunehmen. Uebrigens bin ich auf gefährliche Kunstproducte nicht gestossen. Bei den Präparaten aus Alkohol und Liquor wird man einfach g e h i n d e r t weitvorzudringen, nicht der Gefahr einer Täuschung ausgesetzt. Die Literatur ist im Ganzen reich an Notizen über unsern Gegenstand, da aber dieselben häufig genug ihren Werth nur darin haben, dass ein curioses Object einfach beschrieben ward, sollen mindestens die älteren I r r t h ü m e r hier keine Erwähnung finden.

Ferner ist noch zu bemerken, dass fortwährend verschiedene Ansichten darüber, welche Homologieen zwischen den Theilen bei Wirbelthieren und Cephalopoden aufzustellen seien, sich feindlich entgegenstanden. Man findet hierin eine reiche Auswahl der heterogensten Anschauungen, die in der Regel mit merkwürdiger Entschiedenheit aufgestellt wurden. Ich umgehe diese Fragen, so weit es ohne Schwerfälligkeit möglich ist, denn je genauer man das Auge kennen lernt, desto bedenklicher erscheinen alle Versuche die Homologie nachzuweisen; ich verkenne nicht, dass dadurch eine der Aufgaben vergleichend-anatomischer Arbeiten vernachlässigt wird, aber in unserem Falle giebt die Entwicklungsgeschichte so souverain den Ausschlag, und von ihr sind wir leider noch so unvollkommen unterrichtet, dass es bei eingehender Forschung in der That kaum schwer wird, die gebotene Entsagung zu üben.

Man kann bei den Cephalopoden in Zweifel sein, was eigentlich als das Auge aufzufassen sei, da ein mächtiges Ganglion von einem Theil seiner Häute mit umschlossen wird. Rechnet man dieses mit dazu, so entsteht ein conisches Auge von ähnlichen Verhältnissen, wie es bei den Krustern in so scharf begrenzter und selbstständiger Weise gefunden wird. Zur Orientirung wird man jenes Auge sich so vorstellen können, als wenn etwa in u n s e r e m Sehnerven dicht hinter der Choreoideallamelle sich ein grosses Ganglion entwickelt hätte, welches die Sehnervenscheide und Sclera derart ausdehnte, dass dieselbe zuletzt der Orbita anlehnt und mit ihr verwachsen ist. Der nach vorn gelegene Theil der Orbita sei geschwunden. Es lösen sich nun auch nach vorn Sclera und Cornea bei den Cephalopoden ganz von der Choreoidea los, so dass der Bulbus, wie gewöhnlich von Choreoidea und Iris eng umschlossen, locker in einem Raume liegt, der, wenn man so will, die weit nach hinten ausgedehnte vordere Augenkammer ist. Wollen wir aber diese Vergleichung weiter verfolgen, so ergiebt sich bald ihre Unzulänglichkeit. Es setzen sich z. B. die Muskeln, welche das Auge bewegen, nicht a u s s e n an die Sclera fest, sondern liegen i n n e r h a l b derselben und gehen z u r Ch o r e o i d e a. Die letztere ist sehr zusammengesetzt, sie ist hart und gefässarm, so dass auch für sie der Vergleich n i c h t passt.

Versuchen wir a n d e r e r s e i t s den Bulbus a l l e i n als das Aequivalent des Wirbelthierauges zu betrachten, so entsteht die grosse Schwierigkeit, dass wir das Vorhandensein einer Cornea läugnen müssen, und doch vor der Linse eine durchsichtige Haut finden, welche alle Functionen einer solchen ausübt und selbst der Structur nach einer solchen ähnelt. Ferner ist eine Choreoidea nicht aufzufinden und es treten dafür die gefässhaltigen Silberhäute auf, die doch nicht mit ihr zu homologisiren sind, weil sie durch eine Knorpelhaut (Sclera) ganz von der Retina getrennt werden. Die Schichten dieser letzteren liegen wieder ganz umgekehrt wie im Wirbelthierauge, in der Retina selbst treten plötzlich die, bei den niederen Wirbelthieren in ihr ganz vermissten, Gefässe wieder auf. Man könnte an eine Verschmelzung von Retina und Choreoidea denken, die aber doch ihre grossen Bedenken hat; kurz wir kommen mit unserem Vergleiche nicht durch. Das Auge entwickelt sich eben nach einem ganz andern Typus wie bei uns. Da aber bei den nackläugigen Cephalopoden die Theile, welche beim ersten Vergleich als Cornea und Sclerotica bezeichnet wurden, wegfallen und solche Variabilität bei nahestehenden Thieren mit der Bedeutsamkeit, die man doch diesen Theilen beilegen muss, schlecht stimmt, so muss doch, wenn eine Entscheidung gefordert wird, der letztern Homologie der Vorzug ertheilt werden.

Bei Sepia habe ich wohl im Ganzen das Auge am genausten untersucht und nehme sie daher zum Ausgangspunct.

Es besteht das Sehorgan dieser Thiere und wesentlich auch das der anderen genannten Arten aus dem Augenbulbus, einer Augenkapsel, die sich in den Orbitalknorpel fortsetzt und einem Ganglion (Taf. XII. Fig. 4). Der Bulbus wird von Glasflüssigkeit und Linse ausgefüllt, an seiner innern Wand von der Retina austapezirt und von zwei bis drei Häuten umkleidet. Die lamellöse Augenkapsel mit ihrer die Cornea vertretenden durchsichtigen Stelle, umschliesst mit dem Orbitalknorpel vereint den Bulbus und das Ganglion (s. das Schema Fig. 4).

Die Augenkapsel.

Ich schilderte vorher diese Kapsel als die ausgedehnte und mit der Orbita verwachsene Sclera, ganz so einfach verhält sie sich jedoch nicht. Von der Stelle an, wo sie die Orbitalwand verlässt, spaltet sie sich in zwei Lamellen, von denen die innere an den Aequator des Bulbus sich ansetzt und weiter nach vorn ihn als viscerale Kapsel überzieht, während die äussere allein die Kapsel im engern Sinne bildet.

Diese ward schon in der Beschreibung Swammerdam's[1] erwähnt, doch tritt sie erst in den Abbildungen von Monro[2] deutlich hervor. Scarpa[3] zeichnete dann noch den Antheil, den der Kopfknorpel an ihr

1) Bibel der Natur. Leipzig 1752. Von der spanischen Seekatze.
2) Vergleichung des Baues und der Physiologie der Fische, aus dem Englischen von Schneider. 1787. Tab. XXXI.
3) Anatomicae Disquisitioncs de auditu. Ticini, 1789. Tab. IV.

nahm. Namentlich gut ist aber das Verhalten der Kapsel von *Sömmer-ring*[1]) geschildert und gezeichnet, von dem wir auch erfahren, dass die Trennung der beiden Theile der Kapsel bei Loligo erst am äussern Rande der Iris beginnt. Mehr ausgeführt sind die kurz vorhergehenden Beobachtungen von *Cuvier*[2]). Er beschreibt das durch mehrere Zeichnungen illustrirte Auge von Octopus. Am vordern Pol der Kapsel findet sich eine sehr kleine Oeffnung in einer dicken Haut und Muskelschicht. Der hintere untere Rand der Oeffnung geht unter dem vordern hin und wandelt sich verdünnt in eine Art Palpebra tertia um, welche einen halbdurchsichtigen Vorhang hinter der äussern Oeffnung bildet (also unsere »durchsichtige Stelle«). Die Haut bildet um diese Theile herum Cylinder, geht dann durch die Oeffnung nach innen, biegt sich hier in einer gewissen Tiefe auf das Auge um und geht auf diesem wieder zurück bis zum Rande der Pupille. *Cuvier* hält diese unsere viscerale Kapsel für die Conjunctiva und glaubt sie ginge wohl noch hinter der Iris zurück und von da auf die Vorderfläche der Linse. Ausser einem Muskelring beschreibt er in den Augenlidern noch zwei Häute, welche von der Orbita kommen, die eine davon ist rein zelliger Natur, die andere ist musculös und zur Oeffnung der Augenlider bestimmt. Unter der visceralen Kapsel verläuft noch eine andere vom Rande der Orbita kommende Membran, sie umschliesst den Bulbus und eine das Ganglion opticum einschliessende Tasche hinter jenem. Diese Tasche ist eine durchsichtige Membran, welche vom Rande des Foramen opticum entspringt.

Eine einfache und klare Uebersicht dieser Verhältnisse giebt dann auch *Owen*[3]), der das parietale Blatt der Kapsel aus einer fibrösen und serösen Membran bestehen lässt, von denen letzteres die Cornea nicht mit bekleidet. Das viscerale Blatt besteht gleichfalls aus zwei Lamellen (die sich zwischen die Linsenhälften hinein fortsetzen sollen). *Krohn*[4]) schildert die Verhältnisse ebenso, doch lässt er das viscerale Blatt, welches er als Argentea externa bezeichnet, nur sich bis zum freien Rande der Iris hin erstrecken.

Delle Chiaje[5]) unterscheidet an der Cornea noch eine *Descemet*'sche Membran.

Ich hatte beim Einlegen häufig die Kapsel entfernt, so dass ich über diese Verhältnisse keine sehr eingehenden Studien gemacht habe, jedoch hat sich noch Einiges ergeben.

Der Orbitalknorpel zunächst ist sehr dick und umfasst namentlich von hinten und innen schüsselförmig das Auge, sein vorderer unterer

1) De oculorum sectione commentatio 1818.
2) Mémoires pour servir à l'histoire et à l'anatomie des Mollusques 1817.
3) *Todd*, Cyclopaedia of Anatomy and Physiology, Cephalopoda, p. 551.
4) Beitrag zur nähern Kenntniss des Auges der Cephalopoden. N. Acta 1835.
5) Osservazioni anatomiche su L'occhio umano.

Rand giebt einen schmalen langen Knorpelstiel bis zum Auge hinab, den schon *Owen* richtig zeichnet und den auch *Krohn* beschreibt. Dieser steht in nicht näher ermittelter Beziehung zu den Augendrehungen, da Muskeln quer von ihm abgehen. Man sieht denselben im Schema und Fig. 16 im Durchschnitt.

Der Bau des Knorpels ist der gewöhnliche des Cephalopoden-skeletes, hyaline Grundsubstanz mit eingestreuten sternförmigen Zellen (Fig. 61); ich finde, dass die Knorpelzellen auch hier die Neigung haben sich zu Haufen zu aggregiren, was wohl Beachtung verdient. Der äussere Theil der Knorpelschale führt keine Gefässe und zeigt ausserdem in den Lagerungsverhältnissen der Zellen einen bemerkenswerthen Unterschied gegen die innern gefässhaltigen.

Die Knorpelkörper liegen in der Gefässzone, welche nirgends die Kanten der Orbita erreicht, sondern nur den Berührungsstellen des Ganglion zu entsprechen scheint, ungleich dichter, sind kleiner und mit weniger Ausläufern versehen, die Grundsubstanz imbibirt sich stärker mit Carmin, ist also wohl saftreicher. Im gefässfreien Theile sind die Ausläufer regelmässiger quer durch die Dicke der Orbita gerichtet. Rings ist der Knorpel von Perichondrium überzogen. Dieses ist gewöhnlich von feingranulirtem Aussehen mit runden Kernen durchsetzt, doch wird es, wo Muskeln davon entspringen, grobfaserig.

Cuvier und nach ihm *Owen* beschreiben, wie wir gesehen haben, nach innen vom Orbitalknorpel noch eine durchsichtige Membran, welche taschenförmig das Ganglion opticum bis zum Bulbus hin umgeben soll. Bei Sepia finden sich zwei Membranen, auf welche diese Beschreibung bezogen werden könnte, die eine später zu besprechende, überzieht das Ganglion eng und ist so fein und schwer isolirbar, dass ich dieselbe für noch unbeschrieben halte, die andere liegt weiter nach aussen, ist dicker, geht aber nur an der vordern Seite von Foramen opticum aus, nach hinten dagegen an der Fläche des Orbitalknorpels selbst fehlt sie grösstentheils. Sie ist eine aus quer und längsverlaufenden Muskeln mit Bindegewebe bestehende Platte, sie setzt sich an den Bulbus an und dürfte mit zur Fixirung des Ganglions verwandt werden.

Rings vom Orbitalrande entspringt nun der parietale sowohl, wie der viscerale Theil der Augenkapsel. Ersterer umhüllt den ganzen Bulbus so locker, dass dieser sich frei in ihm bewegen kann, und könnte in dieser Beziehung allerdings mit der Kapsel des Schlangenauges verglichen werden. *Cuvier* unterscheidet an dieser eine zellgewebige Haut, eine Muscularis und eine Serosa, *Owen* und *Krohn* nur eine fibröse und seröse Schicht, die namentlich bei Octopus deutlich darstellbar sei. Ich habe nur die Kapsel von Eledone untersucht und da zeigt sich auf Durchschnitten, dass sie nur aus einer Muskelhaut und einem einfachen Pflasterepithel besteht, nach aussen schliesst sie sich an das subcutane Bindegewebe. Die Muskelhaut besteht innen aus radiär verlaufenden Fasern, dann kommen schräge, darauf quere Fasern, und alle Schichten sind durch Bindegewebe von einander getrennt (Taf. XVII. Fig. 62). Gerade der Linse gegenüber besitzt die Kapsel die schon erwähnte durchsichtige Stelle, welche die Function der Cornea übernimmt.

Dieselbe ist bei den verschiedenen Arten verschieden geformt, nierenförmig, oval etc. Die Haut erhebt sich an einer oder mehreren Stellen um sie herum zu Falten, die in sich einen starken Kreismuskel bergen, den man Fig. 2 von Eledone im Querschnitt sieht. Diese Hautfalte pflegt so angelegt zu sein, dass sie über die durchsichtige Stelle hingezogen werden kann, hat folglich die Function eines Augenlides. Bei Sepia Hieredda findet sich unter dieser Falte verborgen eine Oeffnung, ebenso bei Loligo, hier aber frei neben der Cornea; ich konnte auffallenderweise um dies 1 Mm. grosse Loch keinerlei Musculatur nachweisen. Durch diese schon genugsam bekannten Oeffnungen kann also stets Seewasser in die vordere Augenkammer gelangen. Bei den Gymnophthalmen umspült es die Linse ganz frei, es ist daher auffallend, dass ich wenigstens bei Eledone solche Oeffnung durchaus nicht finden kann [1]).

Ueber die nähere Structur der durchsichtigen Stelle ist zu erwähnen, dass die Kapsel sich continuirlich mit ihren allmählich massiger werdenden bindegewebigen Theilen in sie fortsetzt, auch die äussere Haut geht eine Strecke weit auf sie hinauf, aber ihr Gewebe wird dabei durchsichtig, die Chromatophoren hören auf (Taf. XII. Fig. 2). Die feinere Structur ist nicht bequem zu erforschen. Die Kapsel lässt sich leichter in zahlreiche Lamellen zerlegen, welche, wie man im Querschnitt (Fig. 3) sieht, im Allgemeinen gegen die äussere Fläche gerichtet sind. Es scheint mir, dass drei Schichten unterschieden werden können, von denen Fig. 3, a, b, die äussere und die innere sehr schmal und wenig hervortretend sind, die mittlere die Substanz fast allein bildet. Die äussere Schicht erscheint an Durchschnitten fast nur als das verbreitete Ende der Lamellen, die zu einer dichteren Platte zusammenfliessen, von dem Epithel darauf sieht man oft durchaus nichts, zuweilen nur einzelne sehr schmale gelockerte Plättchen. Wenn man jedoch diese Lamelle mit Carmin imbibirt und von der Fläche untersucht, so nimmt man regelmässig gestellte Kerne wahr, die sich wohl auf ein verschmolzenes Epithelstratum beziehen lassen. Diese Bilder sind häufig unbefriedigend, ebenso wie die vom Epithel der Haut in der Nähe des Auges; da jedoch H. Müller [2]) von der äussern Haut der Cephalopoden berichtet, »die äussere Haut lässt an den meisten Stellen nachstehende Schichten erkennen : a) einzelliges Epithelium, b) eine faserige Schicht« etc., so glaube ich das hier gesehene auf ein sehr dünnes Epithel beziehen zu dürfen. Wenn man feine Lamellen der

---

1) Uebrigens muss ich in Hinsicht auf die Gestalt der Cornea, der Augenlider und der Oeffnungen auf die Lehrbücher, namentlich auf das v. Siebold's, verweisen.
2) Diese Zeitschrift IV. Band 1853. Bericht über einige im Herbst 52 etc.

mittleren Substanz von der Fläche betrachtet, finden sich an imbibirten Präparaten ziemlich reichliche Kerne in einer wenig und unregelmässig gefaserten oder gefalteten Substanz, Bezirke, die als zugehörige Zellen zu deuten wären, zeigen sich nirgends, so dass dafür wohl auf die Entwicklungsgeschichte zurückgegriffen werden muss. Auf Durchschnitten zeigt sich deutlich, dass neben den Lamellen Räume vorkommen, die von einer körnigen Substanz ausgefüllt sind; die Körner sind aber wohl wesentlich Gerinnungen, so dass im Leben diese Räume von Flüssigkeit ausgefüllt sein dürften, dieselben sind jedoch ausserdem von dünnen Lamellen, welche perpendiculär und radiär gestellt sind, durchsetzt. Die Kerne gehören, wie man in der Fig. 3 leicht sieht, meistentheils den Lamellen an, in deren Masse sie etwas excentrisch eingelagert sind. Ob ausserdem in den Lücken selbst noch Kerne vorkommen, wie es auf Durchschnitten zuweilen scheint, lasse ich dahingestellt.

An der Innenfläche finden wir die durchsichtige Stelle wiederum durch eine etwas dichtere, aber sonst nicht besonders ausgezeichnete Schicht begrenzt, auf dieser liegt ein sehr deutliches, leicht isolirbares Pflasterepithelium.

Es ist mir auffallend, mit welcher Bestimmtheit seit *Cuvier* manche Lehrbücher sich dahin aussprechen, dass die Cornea fehle, die Serosa der Kapsel als Conjunctiva zu betrachten sei. Es würde ein wesentlicher Fehler sein, wenn ich eine richtig aufgefundene Homologie vernachlässigt hätte, weshalb ich diese Frage näher erörtern muss.

Zunächst ist hervorzuheben, dass, wenn die Conjunctiva den Kapselraum auskleidete, den man wohl nicht als vordere Augenkammer gelten lassen will, sie auch jenen, der hintern Augenkammer[1]) unzweifelhaft entsprechenden Raum zwischen Linse und Iris auskleiden müsste, was doch ganz ohne Analogie wäre. Man hat dies aber vernachlässigt, weil eine grosse Aehnlichkeit dieser Kapsel mit derjenigen, welche den Bulbus der Schlangen umgiebt, in die Augen springt und man also die durchsichtige Stelle mit jener aufgehellten, vor der Cornea des Schlangenauges in der äussern Haut gelegenen, verglich. Ich habe mich zunächst an der Natter über diese Verhältnisse orientirt. Bei der erwachsenen Schlange ist die Hornhautsubstanz selbst ganz wie gewöhnlich gebaut, es fehlt jedoch an ihr die homogene Lamelle der Membrana Descemeti und das äussere Epithel ist eine ganz dünne einschichtige Lage. Die helle Kapsel ist nach aussen aus einem mehrschichtigen Epithel zusammenge-

---

1) *Gegenbaur* bezeichnet in seinen Arbeiten (Vergleichende Anatomie, Pteropoden und Heteropoden) fortwährend den vom Glaskörper erfüllten Raum als h i n t e r e Augenkammer. Da die wirkliche hintere Augenkammer weder a b s o l u t leer sein k a n n, noch auch diese Benennung den Augenärzten je entbehrlich sein wird, noch auch der vom Gewebe des Glaskörpers gefüllte Raum dem Begriffe einer Kammer entsprechen dürfte, so ist diese Nomenclatur wohl nicht wünschenswerth.

setzt, das in meinem Falle drei grössere Schichtungen zeigte, eine äusserste harte, für die nächste Häutung, eine darunterliegende ebenfalls verhornte und endlich ein weiches mehrschichtiges Epithel. Darunter folgt ein klares und weiches, der Grundsubstanz der Cornea nicht ähnliches Bindegewebe und schliesslich ein einfaches (?) inneres Epithel. Bei älteren Embryonen verhält sich die Cornea ebenso, die Kapselstelle ist gefässreich, das Bindegewebe lässt sich in zwei Lamellen zerlegen, eine äussere nervenhaltige gefässlose, im Bau an ein trockneres Gallertgewebe erinnernd, eine innere gefässhaltige; dieser Bau wäre also auf die Duplicatur der Augenlider zu beziehen. Von noch jüngeren Embryonen, die mir nicht zu Gebote standen, berichtet endlich *Rathke*[1]), wie vor der noch frei liegenden Cornea sich ringförmige Augenlider entwickeln, die denen des erwachsenen Chamäleons ähnlich sind, und wie dieselben dann allmählich vor der Cornea zu einer einfachen bleibenden Decke verwachsen. Solche Verwachsung der Augenlider findet nun ja auch bei den Säugethieren statt, nur findet sich dort, wie ich wenigstens beim Rinde sehe, eine so dicke Epidermislage an der Verwachsungsstelle, dass schwerlich zu irgend einer Zeit auch das Bindegewebe der Lider sich organisch verbinden wird.

Nach alle diesem scheint die Entwicklungsreihe klar genug. Bei den höheren Wirbelthieren hat sich die Cornea unter dem Schutze der geschlossenen Lider zu einem vollkommen klaren, von der übrigen Haut ganz abweichenden Theil entwickelt, bei Schlangen musste sie schon durch vollständigen Abschluss vor den periodischen Veränderungen der übrigen Haut geschützt werden. Bei den Amphibien, den Fischen verwachsen die Lider nie mehr, die Cornea nähert sich in ihrem Gefüge, namentlich bei Fischen, schon auffallender dem der umgebenden Haut, in die sie mit allmählichem Verlust der Augenlider immer continuirlicher übergeht. Bei einigen Cephalopoden sind Hautfalten mit der Function von Augenlidern vorhanden, bei anderen fehlen sie, bei dritten fehlt auch die Cornea.

Abgesehen nun davon, dass in den Structurverhältnissen mindestens kein Grund liegt, bei den Cephalopoden die Cornea zu läugnen, wäre es doch höchst auffallend hier mit einem Mal nach dem Typus der Schlangen wieder bis zur Verwachsung kommende Augenlider sich entwickeln zu sehen, während gar keine Cornea, die doch sonst eine so frühe embryonale Bildung ist und die überall unbedingt der Bildung der Augenlider vorhergeht, hier sich gebildet haben sollte. Nun kommt dazu, dass wir zuweilen auch noch ganz evidente Augenlider bei diesen Thieren haben. *Cuvier* und nach ihm *v. Siebold*[2]) haben (letzterer ausdrücklich deshalb) die Cornea mit der Palpebra tertia homologisirt; allein so viel ich weiss ist

1) Entwicklungsgeschichte der Natter, p. 139.
2) Vergleichende Anatomie, p. 385 Anmk.

diese Membran bei den Embryonen nirgends s t ä r k e r entwickelt, wie beim erwachsenen Thier und für das Rind kann ich versichern, dass sie an der Verwachsung der Lider k e i n e n Theil hat. Ich glaube daher nicht, dass man ohne weitere Begründung wie *Gegenbaur* den Satz aufstellen kann, »der Mangel einer Hornhaut ist eine Eigenthümlichkeit des Cephalopoden-auges.«

Die viscerale Lamelle der Kapsel besteht aus der sog. Argentea externa und aus einer namentlich in dem hintern Abschnitte entwickelten Muskelhaut.

Die Argentea hat schon sehr häufig die Aufmerksamkeit der Autoren auf sich gezogen. Schon *Swammerdam*[1]) schildert, wie der Deckel der Iris, auf der die Argentea liegt, silberweiss und mit subtilen Streifchen und Fäserchen durchwebt sei, und wie die Augenhaut selbst mit Blut-gefässen besät und mit den schönsten Farben gemalt sei. *Cuvier*[2]) unterscheidet diese Haut zuerst als besondere Schicht, insofern er schon von drei das Auge umschliessenden Häuten spricht. Er sagt von der Argentea[3]), sie ist sehr weich, wie klebrig (gluante), lässt sich sehr leicht zerreissen und hat ein tissu feûtre tout particulier. Sie erhärtet in Spiritus und hat bei einigen Arten einen brillant metallischen Glanz. Nachdem dann schon *Owen*[4]), abgesehen von der Retina, vier Häute des Bulbus unterschied, neben der Serosa, die bei Sepia fast nur Epithel ist und der Knorpelhaut noch zwei, also wohl die Argentea externa und interna, bestimmte *Krohn*[5]) die Verhältnisse dieser Haut, welche e r eben A r g e n t e a nannte, genauer, indem er sie nämlich auch von der später zu besprechenden Argentea interna schied. Er erwähnt, dass in der Iris der Octopoden die Haut rostfarbene Flecke besitzt (die bei Eledone und nach *v. Siebold* auch bei anderen Cephalopoden Chromatophoren sind). *H. Müller* hat dann noch im Allgemeinen über den Bau der schillernden Häute berichtet, die an manchen Stellen des Körpers dieser Thiere sich finden; da seine Schilderung sich auch auf die Argentea beziehen lässt, berichte ich darüber.

Bei Sepien besteht die Schicht häufig aus regelmässig gelagerten Platten, welche deutlich aus kernhaltigen Zellen hervorgehen. An anderen Orten werden die Farbenspiele durch Plättchen und Körperchen der verschiedensten Form, Grösse und Zusammensetzung bedingt. Bei Enoploteuthis z. B. bestehen die grösseren blauschillernden Puncte aus zwei übereinanderliegenden kugligen Körpern, welche im Innern theils structurlose, theils aussenher concentrisch innen radial angeordnete, schillernde Masse enthalten.

---

1) a. a. O. p. 352.
2) Leçons d'Anatomie comparée, T. II. p. 405.
3) a. a. O. p. 389.
4) a. a. O. p. 552.
5) a. a. O. p. 347.

Was meine Untersuchung anbelangt, möchte ich doch entschuldigend bemerken, dass ich, mehr weil es richtig und nothwendig war, als weil die Sache mich anzog, diese und die folgenden Häute mit meinem nicht in allen Beziehungen genügenden Material durchgearbeitet habe.

Die Argentea externa läuft, zunächst bei Sepia, wie ich mit *Krohn* übereinstimmend finde, vom Orbitalknorpel dünn beginnend bis zum Rande der Iris, wo sie namentlich an den herabhängenden Lappen verdickt aufhört (Taf. XII. Fig. 4). Auf ihrer freien Fläche trägt sie ein einfaches Pflasterepithelium (Fig. 5) aus deutlichen, wohlbegrenzten Zellen bestehend, die am freien Rande aufs unmittelbarste an die schillernden Blättchen stossen. Sie selbst besteht erstens aus einfachem fibrillärem Bindegewebe, welches sich nur durch die sehr grosse Feinheit der Zeichnung vom fibrillären Gewebe der Wirbelthiere zu unterscheiden scheint (vergl. Taf. XIII. Fig. 10 u. 17), zweitens aus den Gefässen und endlich aus den Plättchen, welche den Metallglanz bedingen. Bei durchfallendem Licht erscheinen Stücke der Argentea an allen Stellen, wo diese Plättchen sitzen geblieben sind, schwarz, undurchsichtig und gestreift (Taf. XII. Fig. 7). Zerlegt man die einzelnen Streifen genauer, so zeigt sich, dass dieselben aus vielen äusserst kleinen Plättchen (Fig. 6, 8) zusammengesetzt sind, welche, mit ihrer breiten Seite aneinander gelegt, ihre Kanten dem Beobachter mehr oder weniger zukehren. Die einzelnen Platten sind homogen, völlig farblos und sehr blass, aber nicht ganz plan, sondern unregelmässig verbogen. Sowohl durch die Dünnheit dieser Plättchen, als auch durch ihre unregelmässige Biegung und nicht ganz gerade Aneinanderlagerung scheint die Zerlegung und farbige oder metallische Reflexion des Lichtes sich zu erklären.

Die gröberen Züge dieser Plättchen ordnen sich den Gefässen im Allgemeinen parallel. Für meine Objecte kann ich leider nicht die Angaben *Müller's*, dass sie »deutlich aus kernhaltigen Zellen hervorgehen«, bestätigen, insofern sich nicht annehmen lässt, dass je eins dieser Plättchen einer Zelle entspräche, schon deshalb nicht, weil sie zu homogen, zu platt und zu zahlreich sind. Ich bemühte mich vergeblich die zugehörigen Zellen zu entdecken, doch bin ich von Nichts mehr entfernt, als von der Annahme, sie entständen frei im Blastem, respective freiem Protoplasma. Kalte Schwefelsäure und Natronlauge machen die Plättchen erblassen, aber lösen sie nicht; beim Erwärmen aber zerstören sie sie völlig und zwar SO_3 mit vorhergehender Bräunung. Kurz vor der Auflösung sind sie noch ebenso dünn wie immer, es findet zu keiner Zeit eine Blähung derselben statt. Ich glaube nicht, dass sie so platt bleiben könnten, wenn sie jemals Zellen gewesen wären, da doch wohl Spuren des ehemaligen Inhaltes in ihnen zurückgeblieben sein müssten und diese doch vor ihrer Lösung sich zu imbibiren und die Zelle zu blähen pflegen. Man findet nun bei Sepia noch zwischen den grossen Plättchen auch einzelne kleinere ovale, oder sogar rundliche, die farblos und stark lichtbrechend, sonst aber den menschlichen Blutkörperchen ähnlich sind, es scheint, dass aus diesen die Plättchen herauswachsen können.

In der Argentea von Loligo finden sich die grösseren Platten auch vor, aber nur sehr spärlich. Dagegen ist die Haut vollgepfropft mit runden und länglichen Körperchen, die auf den ersten Blick kleinen Amylonkörpern gleichen (Taf. XIII. Fig. 9, B), man findet von ihnen Uebergänge zu den Plättchen. Mit Iod färben sich diese Körnchen intensiv iodroth, setzt man dann SO_3 hinzu, so werden sie blau, aber es ist nicht das schöne Blau der Amylonreaction, die Farbe rührt von feinsten Iodpartikeln her, die sich im Innern der Körnchen niedergeschlagen haben; setzt man zuerst SO_3 zu, so erblassen die Körper, lösen sich aber nicht und imbibiren sich jetzt überhaupt nicht mehr mit Iod. Beim Erwärmen lösen sie sich unter Bräunung. Schwieriger geschieht die Lösung durch Natron. Kochen verändert Nichts.

· Die Körper sind bei Eledone ähnlich wie bei Loligo beschaffen, nur feiner und überwiegend rundliche Plättchen.

Wir kehren zum Tintenwurm zurück. Nach innen von der Argentea entspringen an der Orbita noch Muskeln in beträchtlicher Zahl. Diese Muskeln gehen an der Innenseite der Argentea externa hin, einige, ganz oberflächlich (Fig. 4), umhüllen den Bulbus und verlieren sich ganz allmählich, so dass in der Iris nur noch einzelne Fasern davon zu finden sind, die zur Retraction der Argentea zu dienen scheinen. An der vordern Seite deckt der Trochlearknorpel einen starken sich direct an den Bulbus setzenden Längsmuskel, neben dem noch andere Längsbündel an den Bulbus gehen (Taf. XIII. Fig. 16, a). Bei Eledone setzen sich von diesem Muskel einige erst an den v o r d e r n Rand des noch zu besprechenden Aequatorialringes. Fast alle diese Verhältnisse sind schon von *Krohn* und Anderen erwähnt und z. Th. näher erörtert. Ich gehe um so weniger darauf ein, als gerade hier der Mangel an frischen Thieren der Beobachtung am schädlichsten wirkt und die Muskeleinrichtung offenbar sehr complicirt ist.

Häute des Bulbus.

Von der Retina abgesehen sind als Häute des Bulbus die Argentea interna und die Knorpelhaut zu nennen.

Die Argentea interna *Krohn*'s ist eine ähnliche, aber weit dünnere Haut wie die externa.

Schon *Sömmering* [1] erwähnt, dass die Argentea gleichsam aus zwei Lamellen bestehe. *Krohn* sagt darüber: »Die zweite Schicht (Argentea interna), von der äussern in der Sepia durch feines Zellgewebe, in den Octopoden und in dem Kalmar aber durch eine weisslich graue derbe

---

[1] De oculorum sectione horizontali commentatio 1818.

Haut (wahrscheinlich ein verdicktes Zellgewebe) getrennt, mehr in einen matten Bleiglanz hinüberspielend, bleibt sich gegentheils überall an Zartheit und Dünne gleich. Sie zeigt deutlich Gefässverzweigungen, ist hinten, wo ihr das Sehnervenganglion anliegt, für den Durchgang seiner Fasern durchlöchert, stellt also eine Art Sieb dar und verliert sich, den Bulbus überall eng umschliessend, an seiner vordern abgeflachten Parthie.«

Krohn's Beschreibung stimmt im Ganzen mit dem, was ich sah, überein, nur erstreckt sich wohl die Argentea interna von der Stelle an, an welcher *Krohn* sie aufhören lässt, noch bis an den Rand der Iris (Taf. XII. Fig. 4). Wenn man nämlich gute Querschnitte bei kleiner Vergrösserung untersucht, so findet man, dass sie allerdings an jener Stelle discontinuirlich wird, aber doch noch weiter nach vorn zu sich erstreckt, in der Iris selbst wieder continuirlich und allmählich dicker werdend, am Rande derselben mit der Argentea externa zusammenhängt. Die Argenteae sind von einander nicht nur durch dünner oder dichter gewobenes Bindegewebe getrennt, sondern auch durch die vorhin erwähnte Muskelschicht.

Die Structur unserer Haut ist an der Iris analog, wie die der Argentea externa, nur liegen die Plättchen dichter und sind etwas feiner. Weiter nach hinten wird sie sehr zart und besteht aus wenigen Schichten schillernder Kugeln, die, aus mehreren concentrisch liegenden farblosen Plättchen zusammengeschichtet, im Ganzen an die Bildung in der Argentea von Eledone erinnern, nur etwas grösser sind (Taf. XIII. Fig. 9, *C*). Bei Loligo verhält sich die Haut ebenso, bei Eledone finde ich hier nur eine nicht reflectirende Bindegewebshaut. Zwischen der Argentea und dem Knorpel liegen wieder einige Muskelfasern, am Fundus sehr verstreut, seitlich stärker entwickelt.

Die knorplige Haut ward zuerst von *Cuvier*[1] erwähnt, der sie entgegen der Argentea als feiner und trockener schildert. Auch *Blainville*[2] erwähnt ihrer als einer weissen Membran aus festerem Gewebe, die er als Sklerotica interna bezeichnet. *Valentin*[3] zeichnet diese Haut als Fibrosa. Von *Krohn* ward dieselbe jedoch ungleich richtiger erfasst, er berichtet über sie Folgendes: Die Knorpelhaut giebt dem Auge der Sepien und Octopoden Form und Festigkeit, überdem gewährt sie den Augenmuskeln sichere Ansatzpuncte. Im Kalmar, der sich durch grosse Weichheit und Zartheit seiner Textur von den beiden übrigen Familien auszeichnet, verdient die Knorpelhaut kaum den Namen, sie ist hier mehr dünnhäutig.

In dem Bereiche der Augenkugel ist die Knorpelhaut nicht überall gleich dick, namentlich zeigt sie sich da, wo der Sehnervenknoten ihr

1) Leçons, p. 405.
2) De l'organisation des Animaux 1822. p. 441.
3) Icones zootomicae.

anliegt, sehr dünn, fast häutig. Diese Stelle, die durch den Eintritt der Nervenstränge des Knotens wichtig ist, bildet mit der ihr dicht anliegenden Argentea ein wahres Sieb. Die Löcher dieses Siebes sind ansehnlich und weit auseinanderliegend. Dicht an ihm, mehr aber unterwärts, ist die Knorpelhaut von bedeutender Dicke, oben aber dünn, daher der Bulbus hier häufig zusammengefallen und gefaltet erscheint. Nach vorn schreitend verschmälert sie sich, bis sie auf der Mitte des Bulbus (trotz ihrer Feinheit selbst beim Kalmar) eine ansehnliche Stärke erreicht und ihn hier als breiter fester Ring umgiebt. Ueber ihren Ring hinaus wird sie wiederum dünnhäutig, heftet sich eng an den unter ihr liegenden Ciliarkörper und lässt sich als feines Häutchen in der Iris bis ungefähr zur Linsenwölbung verfolgen, so dass sie ins Gewebe der Irisvorhänge nicht einzugehen scheint.

Owen, der vor Krohn einzureihen wäre, beschreibt die Knorpelhaut fast genau so wie dieser, doch giebt er richtiger an, dass sie ungefähr in der Mitte des Auges ein wenig verdickt endet. Von da geht eine fibröse Membran zur Iris weiter. In seiner Abbildung ist die Continuität der Häute zu undeutlich geworden.

Auch Langer[1]) hat sich eingehender über die Knorpelhaut ausgesprochen. Die Knorpelhaut, die an dem hintern Umkreise des Bulbus sehr dünn ist, verdickt sich nahe der vorderen, viel flacheren Hemisphäre und zwar bei Loligo so plötzlich, dass ein festerer Ring entsteht, an welchem sich der Ciliarkörper befestigt; vor diesem Ringe verdünnt sich die Haut wieder und bildet eine dünne Lamelle, welche bis in die Substanz der Iris verfolgt werden kann. Auch histologisch unterscheiden sich diese drei Theile der Sklerotica. Bei Loligo sieht man nämlich die Gruppen von Knorpelkörperchen in der hintern Abtheilung nur in einer einfachen Schichte, in Reihen geordnet und wenig zahlreich; im Ringe liegen sie dicht, in mehreren Schichten und gleichförmig vertheilt und in dem vordersten Theile, wo sie sehr fein geworden, ist die Sklerotica ein feines Blättchen, in welchem nur einzelne Knorpelkörperchen wahrnehmbar sind.

II. Müller[2]) erwähnt noch, dass im Augenknorpel sehr grosse, pflasterähnlich gelagerte Zellen, fast ohne Spur von Zwischensubstanz vorkommen, mit starker concentrischer Schichtung, aber ohne Ramification der Höhle.

Die Knorpelhaut ist in mehreren Beziehungen von Interesse, so dass ich ein wenig-näher darauf eingehen kann. Ich rechne zu ihr einen knorpligen Ring in der Iris (Taf. XII. Fig. 4, d), den mehr erwähnten stärkeren Knorpelring des Auges, »Aequatorialring«, und die hintere

---

1) Ueber einen Binnenmuskel des Cephalopodenauges. Sitzungsberichte d. kaiserl. Akademie zu Wien 1850. p. 533.
2) a. a. O. p. 345.

Knorpelhaut. Die genannte Theilung in drei Parthieen ist für Sepia und Loligo durchaus durch den histologischen Unterschied der Theile, aber auch durch die Function derselben bedingt.

Da die Knorpelplatte der Iris nur durch Muskeln und Bindegewebe und nicht, wie behauptet ward, direct durch Knorpel mit dem Aequatorialring in Verbindung steht, kann es zweifelhaft sein, ob wir sie überhaupt zur Knorpelhaut des Bulbus rechnen dürfen. Die Iris selbst hat, wie das von fast allen Autoren erwähnt ward, bei Sepia einen ausgeschweiften und mit Lappen versehenen Rand, in diese Lappen geht der Knorpel nicht ein, sondern er ist ein regelmässiger Ring, der nur an den schmalsten Stellen der Iris bis an ihren Rand reicht. Dieser Ring ist eine dünne homogene, sehr biegsame, beim Kochen resistente Platte, in der nur hin und wieder Kerne sich zeigen, die bei Sepia mehr verstreut, bei Eledone zwischen zwei Platten, aus denen der Knorpel zusammengesetzt ist, liegen (Taf. XIII. Fig. 10).

Die Platte dient namentlich für die Musculatur zum festen Punct. Auf ihrer äusseren Fläche liegen nämlich Kreismuskeln, Sphincteren wenn man will, und zwar in zwei Gruppen vertheilt, die einen an und auf dem innern freien Rande, die andern stärkeren an dem hintern Rande der Platte, auf der Mitte ist die Musculatur sehr spärlich (Taf. XII. Fig. 4).

Ausserdem setzt sich als Dilatator ein Theil des sog. *Langer*'schen Muskels an die Platte an. *Langer* sagt jedoch über diesen Muskel, dessen contractile Natur er zuerst erkannte, nur aus, dass derselbe von dem Aequatorialringe entspringe und an den äussern Theil des Corpus ciliare herangehe. *H. Müller*[1] sagt dann noch : »Am Auge (der Cephalopoden) wurde der von *Langer* beschriebene radiale Muskel im äussern Ringe des Corp. ciliare bestätigt. In derselben Gegend, nur mehr nach aussen, kommen auch schiefe und kreisförmige Muskelfasern vor. Ebenso enthält die Iris bei Octopoden und Decapoden eine musculöse Platte, welche die immer ringförmige Hornhaut überragt und dann nur von der Argentea bedeckt wird.«

Was *Müller* hier von der Hornhaut sagt, ist mir völlig unverständlich. Da es sich nicht wohl um einen Druckfehler dabei handeln kann, würde er möglicherweise die Knorpelplatte der Iris als Hornhaut deuten, dann aber könnte er wiederum nicht von einer musculösen Platte sprechen, da man als solche nur Muskeln und Knorpelring vereint ansprechen kann. Ich muss das dahingestellt sein lassen. Seinen Befund der schiefen und kreisförmigen Muskelfasern bestätigte ich. Der radiäre Muskel liegt am weitesten nach innen, er geht, mit vielem Bindegewebe gemischt, theilweise zum Corp. ciliare ; mit seinen äusseren Fasern setzt er sich aber an die innere Fläche des Irisknorpels (Taf. XII. Fig. 4).

Nach aussen von ihm folgt der Ringmuskel, der übrigens auch ein

[1] a. a. O. p. 344.

wenig schräg gerichtet ist; er ist nicht mit dem Sphincter der Iris continuirlich; nach aussen von diesem wiederum liegt der Schrägmuskel, der
weiter nach der Iris zu fast radiär wird und sich stark an die Kante des
Knorpels befestigt. Alle drei nehmen ihren Ursprung von der äussern
Kante des Aequatorialringes, doch ist zu bemerken, dass von dort nach
hinten eine fast continuirliche Quermuskelschicht von nicht unbedeuten-
der Mächtigkeit der Knorpelhaut rings aufliegt. Dadurch ist auch die
Knorpelhaut von der Argentea interna getrennt (Taf. XII. Fig. 4 am Rande).
Der Aequatorialring (Fig. 4, 11, 12, 63) ist ein höchst eigenthümliches Gebilde, über dessen interessante histologische Beschaffenheit sonderbarerweise noch keine zutreffenden Angaben vorliegen. Namentlich augenfällig wird dieser Knorpel an imbibirten Durchschnitten.
Es färben sich nämlich die Zellmembranen gar nicht, die Zellsubstanz
selbst recht intensiv und dann findet sich, aussen und innen den Schnitt
bedeckend, noch ein rother Streif, welcher sich als Fortsetzung der eigentlichen Knorpelhaut erweist. Die Knorpelkörper waren an meinen gehärteten Präparaten alle mehr oder weniger zurückgezogen, so dass ich sie
nicht näher studirt habe, häufig sind sie mehrkernig, fast immer erstreckt sich nur eine Zelle durch die ganze Dicke des Knorpels hindurch,
bei den kleinsten wie grössten Augen. Langer's Angaben sind hier also
nicht zutreffend. Besonders ausgezeichnet ist nun, dass die Membranen
der einzelnen Zellen durchaus nicht mit einander verschmolzen sind, wie
bei gewöhnlichem Knorpel, sondern durch eine allerdings nicht darstell-
bare Zwischensubstanz aneinander kleben. Sie lassen sich daher mecha-
nisch isoliren, besser gelingt dies freilich, wenn man einen nicht zu lange
erhärteten Schnitt kocht. Es werden die Zellen durchaus nicht dabei an-
gegriffen, aber das Perichondrium und die Musculatur bekommen eine
so bedeutende Spannung, dass, wenn man nun die eine Seite des vorhin
erwähnten sich rothfärbenden, knorpligen Ueberzuges entfernt, der Schnitt
gleich in der Art durch den Zug der zurückbleibenden Seite zusammen-
schnurrt, dass alle betreffenden Knorpelzellen an dem frei gemachten
Ende auseinanderklaffen und sich leichter vollends lösen. Leider waren
zuletzt die Augen dafür zu sehr erhärtet, so dass ich nur ein unvollkom-
menes Präparat für die Zeichnung gewann (Taf. XIII. Fig. 13, A). Am
bequemsten isolirt man die Zellen durch die 32% Kalilösung, die Knor-
pelsubstanz wird zwar dabei blasser und quillt etwas, wird aber nicht
gelöst und die Isolirung ist ohne alle Mühe (Fig. 13, B). Diese Reaction
scheint mir auch direct für die Anwesenheit einer Zwischensubstanz
beweisend.

Die Wände sind zwischen den einzelnen Zellen dünn, dagegen nach
der Aussen- und Innenseite des Bulbus zu verdickt und etwas einer concentrischen Schichtung entsprechend gestreift. Besonders 'auffallend ist
ferner, dass die Wände fein porös sind, so wenigstens glaube ich die
Erscheinung deuten zu müssen, dass sie fein punctirt erscheinen, dass

ein solcher Punct sich bei Veränderung der Einstellung durch die Dicke
der Wand hindurch verfolgen lässt, dass bei schrägen Ansichten der
Wand die Puncte strichförmig erscheinen und dass, wenn man die schein-
baren Durchschnitte der verdickten Endwände einstellt, dieselben deutlich gestrichelt aussehen. Die Poren sind im Allgemeinen sehr fein und
zahlreich, so dass die Substanz dadurch ein eigenthümliches, ich möchte
sagen ovalkörniges, Ansehen gewinnt; ich musste verzichten dasselbe
wieder zu geben und habe daher in Taf. XIII. Fig. 14 die Wände homogen
gezeichnet. Es ist nicht leicht sich in diesen Verhältnissen durchzufin-
den, wie man im Falle des Misslingens die Sache wahrnimmt zeigt die
von meinem Zeichner angefertigte Fig. 15 vom Querschnitt. An den beiden Enden derselben sind die Canäle der grössern Länge halber deutlicher, sind auch wohl gröber; hier bleibt auch die Zelle stärker haften
oder hinterlässt beim Abfallen an der Wand mit Carmin sich färbende
Körner, so dass der Zusammenhang hier besonders innig sein muss. Es
scheint jedes solches Korn dem Ende eines Porencanals zu entsprechen.
Zuweilen kommen im Ringe sehr dicke Zellen vor und zuweilen haben
zwei Zellen eine gemeinschaftliche Kapsel.

Es ist dies das erste Beispiel von porösen Knorpelwänden,
merkwürdig auch deshalb, weil die gewöhnlichen Knorpelzellen der Cephalopoden sich durch feine Verzweigungen auszeichnen. Dass hier keine
Täuschung durch Stachelzellen in Frage kommen kann, glaube ich durch
die Figuren bewiesen zu haben. Man könnte nun freilich zweifelhaft
sein, ob dies Gewebe wirklich zum Knorpel zu rechnen ist. Da jedoch
sowohl seine Consistenz, als auch die chemische Resistenz (zu weiteren
Reactionen fehlte es an Substanz) mit solcher Annahme übereinstimmen,
und da die Herstellung einer mächtigen Grundsubstanz durch so eigenthümlich verdickte Membranen doch nur vom Knorpel bekannt ist, so ist
es wenigstens das einfach natürliche, diese Substanz zum Knorpel zu rechnen und so lange dabei stehen zu lassen, bis erst eine auf der Entwicklungsgeschichte beruhende Basis für die Erkennung des Knorpels überhaupt gewonnen ist. Man sieht übrigens, namentlich am hintern Ende
des Ringes Bilder, die darauf deuten, dass die sternförmigen Knorpelzellen sich vergrössern und andere Eigenschaften annehmen.

Es ist hiermit wiederum ein Beispiel für die grosse Analogie zwischen Pflanzen- und Thierzelle gewonnen, das mir um so lieber ist, weil
ich glaube, dass es uns nicht fördern wird, wenn wir ohne Noth uns von
der pflanzlichen Zellenlehre entfernen [1]).

1) Die Membran der rothen Froschblutkörperchen ist von *Rollet* (Versuche und
Beobachtungen am Blut, Wiener Sitzungsbericht Bd. XLVI) geläugnet worden, weil
er die Leichtigkeit, mit der Kälte, elektrische Entladungen u. s. w. diese Körper
auflösen, beobachtete. Es ist gewiss bemerkenswerth, wie intensiv zerstörend das
Gefrieren auf die Gewebe wirkt (die Structur der Retina geht z. B. ganz dadurch zu
Grunde), dies aber als Beweis zu benutzen, hätte man um so vorsichtiger sein kön-

Auch für die Knorpellehre im Allgemeinen scheint mir ein Fingerzeig gegeben, denn ist es nicht merkwürdig, wie in demselben Thier der Knorpel an den Stellen, wo die Zellen verzweigt sind, vorzugsweise von Knorpelkapsel- und Schichtbildung frei zu sein s c h e i n t, während an einer andern Stelle die Knorpelkapsel so sehr Vieles, ich möchte sagen Alles, besitzt, was zwingt, sie in einen engeren Connex zu bringen, d. h. sie als Zellmembran zu bezeichnen. Hier auch zeigt es sich, dass man wenigstens unter Umständen eine Intercellularsubstanz scharf von den Knorpelzellen zu sondern hat. Ich will damit keineswegs für die eine oder andere histologische Anschauung des Knorpelgewebes eintreten, eher gegen beide, insofern ich meine, dass diese Lehre ihren Abschluss noch nicht erreicht hat.

Nachdem ich nachgewiesen habe, dass die Chorda aus dem Hornblatt entsteht[1]) und ferner eine neue Möglichkeit der Gewebsbildung zeigte[2]) und nachdem *Gegenbaur* in seiner Arbeit über die Bildung des Knochengewebes[3]) den ausserordentlich wichtigen Nachweis brachte, dass eine epithelartig aussehende Blastemschicht wenigstens in einigen

nen, als die bezügliche Thatsache im Wesentlichen bereits durch die von Vielen erwähnte Harnstoffwirkung, die ich selbst (diese Zeitschrift Bd. XI, Untersuchungen zur Physiologie) besonders besprach, gegeben war. Ich erlaube mir daher ausdrücklich zu constatiren, dass nur die bemerkenswerth leichte Löslichkeit der Membran, die übrigens gern als wenig erhärtete, aber isolirbare Rinde des Cytoplasma betrachtet werden kann, genügend bekannt war, als ich den Beweis der Membran führte. Ich constatire dies, weil ich glaube, dass der Streit dagegen ebensowenig, wie jener, der die Kerne des Amphibienblutes bedrohte, Nutzen stiften wird. Wenn *Rollet* andeutet, dass ich mich durch ähnliche Formen, wie er sie von in Leim gleitenden Körpern beobachtete, hätte täuschen lassen, dies aber doch nicht bestimmt behaupten will, so sehe ich den Zweck der Veröffentlichung nicht ein. So lange er nicht einmal dazu kommt, die von mir genau durchgearbeiteten Reactionen nachzumachen (bei denen er auch, wie ich hervorgehoben habe, sehr bequem die Blähung und Ausstossung des Kernes hätte beobachten können), wird unmöglich Jemand ernstlich Gewicht auf den Theil seiner Arbeit, welcher jene Vermuthung umfasst, legen wollen.

Ich erwähne hier noch, dass ich leider ganz übersehen hatte, wie *Funke* im Atlas der physiolog. Chemie die von mir näher untersuchte Zurückziehung der Zellflüssigkeit und des Cytoplasma der Blutkörper gezeichnet hatte. Ausserdem will ich bei dieser Gelegenheit bemerken, dass die von *Zimmermann* (diese Zeitschrift Bd. XI) urgirten Körper im frischen Pferdeblut wirklich vorhanden sind, abes es scheinen mir dieselben feste Körnchen zu sein, auch kann ich es nicht wahrscheinlich finden, dass diese in die rothen Blutkörperchen sich verwandeln sollten.

Endlich, ich sehe aus den Jahresberichten, dass *Vintschgau* in den Atti dell' Instituto Veneto di Science, Serie III. Vol. VII gegen meine hier angezogene Arbeit geschrieben zu haben scheint, leider habe ich bis jetzt nicht diese Arbeit einsehen können.

1) *Virchow's* Archiv Bd. XXX. Ueber die Entwicklung des Nervensystems.
2) Archiv für Naturgeschichte 1863. *Virchow's* Archiv Bd. XXXI. Ueber die Entwicklung der Nerven im Schwanz d. Froschlarve.
3) Jenaische Zeitschrift für Medicin Bd. 1. Heft III.

Fällen der Knochenbildung vorstehe, rechne ich bestimmt auf einen durchgreifenden Fortschritt in unserer Kunde von dieser ganzen Gewebsgruppe. Ist doch namentlich am Vomer deutlich zu sehen, wie auch der embryonale Knorpel von einer Art Epithelschicht überzogen ist. Die eigentliche Knorpelhaut besteht bei Sepia und Loligo aus derselben Substanz und denselben Zellen wie der Orbitalknorpel. Sie beginnt als äusserer und innerer Ueberzug des Aequatorialknorpels, wird nach hinten mehrfach durchlöchert und bildet auf diese Weise das mehr erwähnte Sieb (Taf. XIII. Fig. 11). Der Bezirk desselben ist bei Sepia oval, bei Loligo rundlich. An der hintern Hemisphäre des Bulbus, also der Fläche, die nach dem Vorderrande des Thieres sieht, ist sie, wie schon *Krohn* erwähnt, auffallend dick, dicker wie der Aequatorialring, den sie hier in grösserer Mächtigkeit überzieht. An der entgegengesetzten Seite ist sie auffallend dünn, während sie z. bei einer Loligo am Aequatorial ring 0,09 Mm. dick war, maass sie am Sieb nur 0,048 Mm. und weiterhin 0,018—0,009 Mm., so dass sie also an der einen Seite des Bulbus zehnmal so dick war wie an der andern. Bei Sepia findet sich sogar an der vordern Hemisphäre, an der Ansatzstelle des starken Längsmuskels, eine vollständige Lücke in ihr.

Rings dem dickern Abschnitte der Knorpelhaut angelehnt finden wir nun noch bei Sepia und Sepiola einen besondern Hülfsapparat, den Hufeisenknorpel. *Carus*[1]) allein hat diesen Knorpel erwähnt, er sagt freilich nur, das erste Blatt (der Sklerotica) enthält beim Tintenwurm eine kleine Knorpelplatte, es geht aber aus der Abbildung unzweifelhaft hervor, dass er das in Rede stehende Stück damit meint. Es liegt dieser Knorpel rings in dem Winkel eingekeilt, welcher an der Ansatzstelle des visceralen Kapselblattes hinter dem Bulbus sich bildet, nur vorn, wo der Trochlearknorpel liegt, fehlt er. In der Nähe desselben endet er mit zugeschärftem Rande (Taf. XIII. Fig. 16). Er hat einen flach dreieckigen Querschnitt, die Basis dieses Dreiecks ist concav und liegt dem Bulbus an, die Spitze ist ein wenig ausgezogen, so dass der ganze Knorpel hier eine Firste trägt, doch setzen sich keine Muskeln an ihn an. Ich bemerkte auch nirgends Apparate, welche ihn inniger an den Bulbus binden, sondern er liegt nur in einer von zierlichen sternförmigen Zellen durchsetzten Gallerte. Er kann also nur s t ü t z e n , n i c h t B e w e g u n g v e r m i t t e l n.

Bei Eledone ist der Unterschied zwischen Aequatorialring und Knorpelhaut gleichfalls ausgesprochen, aber nur durch den Dickenunterschied, denn der Ring besteht hier aus derselben eigenthümlichen Substanz wie die Knorpelhaut selbst. Das Gewebe ist ganz abweichend (Taf. XVIII. Fig. 66), ich habe es aber nicht näher zergliedert und kann nur berichten, dass die äussere und innere Fläche der Haut sich wie Knorpelgrundsubstanz verhält, während in der Mitte Kerne, welche an radiär durchgehende

1) Vergleichende Zootomie 1834. p. 383.

Fäden gebunden sind, zwischen reichliche Molecularkörnchen eingebettet liegen.

Die Verhältnisse der knorpligen Hülle und der Muskeln des Cephalopodenauges sind so eigenthümlich, dass es unmöglich ist, sie mit unseren gewöhnlichen Anschauungen über die Augenbewegung in Einklang zu bringen; namentlich ist auch die Lagerung des Bulbus zum Ganglion derart, dass ausgiebige Bewegungen desselben nicht gut denkbar sind. Es hat sich mir daher folgende Vermuthung aufgedrängt. Die Linse ist, wie ich anticipire, durch das Corp. ciliare sehr fest mit dem Aequatorialring verbunden. An diesen starken Ring setzt sich nun vorn der Hauptbewegungsmuskel des Auges an, dreht also bei seiner Contraction die Sehaxe mehr nach vorn. Nun ist aber gerade an dieser Stelle die Knorpelhaut ausserordentlich dünn oder fehlt ganz.

Die Folge ist, dass, wenn das Auge nicht sehr gespannt ist, nur die Linse mit dem Aequatorialring sich nach dem Vorderende des Thieres hin richtet, die Knorpelhaut sich dagegen in Falten legen wird und also keine Drehung des Gesammtauges bewirkt. Einen aequivalenten Antagonisten hat der vordere Längsmuskel nicht, die Elasticität der so stark verdickten hintern Parthie der Knorpelhaut dürfte ihn ersetzen. Es verschiebt sich folglich die Linse horizontal gegen die Retina. In dieser Ansicht bestärkt mich auch das Verhalten der Retina. Diese besitzt nämlich, wie man im Schema sieht, einen gelben Fleck, der nicht in der Mitte liegt, sondern seitlich an der verdickten Knorpelhaut zu finden ist und also nur bei einer Verschiebung der Linse nach vorn die Axenstrahlen bekommen kann. Die Retina ist nur in der Mitte des Aequatorialringes festgeheftet, so dass sie den Faltungen der Knorpelhaut nicht genau zu folgen brauchte, doch dürfte sich wohl der vordere Theil der Retina beim Sehen nach vorn etwas mitfalten, in diesem Falle aber wird der Theil der Retina ja doch nicht gebraucht. Die Cornea wird natürlich bei den Augenbewegungen sich auch verschieben müssen.

Es scheint mir, dass ein solches Verhalten die Bildung der Knorpelhaut und Musculatur befriedigend erklären könnte, da aber noch keine Beobachtungen über die Augenbewegung gemacht worden sind, enthalte ich mich weiterer Speculation.

Die Linse.

Wir wollen uns nunmehr zur Betrachtung der Linse und des Corpus ciliare wenden. An der sehr voluminösen Linse dieser Thiere ist es noch Jedem als ein besonders curioses Verhalten aufgefallen, dass dieselbe durch eine Membran in zwei völlig gesonderte Hälften getheilt ist; sie ist daher auch mehrfach genauer untersucht worden.

Swammerdam[1]) zunächst möge hier citirt sein. »Im Auge finde ich

1) Bibel der Natur p. 352.

sehr wenig wässerige Feuchtigkeit, im Gegentheil ist die crystalline ziemlich gross und sehr feste. Ich habe dieses insbesondere an ihr bemerkt, dass ihre Hülle ziemlich dick war und dass das branenartige Band (ligamentum ciliare) der crystallnen Feuchtigkeit sehr tief einschnitte, und sie gleichsam theilte. — — Kocht man dieses Auge und verursacht dadurch, dass das branenartige Band zugleich mit der Hülle der crystallnen Feuchtigkeit, und deren Vordertheile von dem Hintertheile abtritt, so zeigt sich dieser geronnene Saft recht natürlich, als ob eine Kugel in der Hälfte einer andern stäcke.« *Cuvier*[1]) berichtet schon eingehender; die Linse habe ganz um sich herum eine tiefe Furche, welche sie in zwei ungleiche Hemisphären theile. Jede der beiden bestehe aus einer Unmasse concentrischer Calotten und sei aus »fibres rayonantes«zusammengesetzt. *Owen*'s Beschreibung lehrt uns dann weiter: Die Linse ist breit und besteht aus zwei völlig getrennten Portionen, die vordere Hälfte ist das Segment eines grösseren Kreises, die hintere ist ein Theil eines kleineren Kreises (nach *Krohn* einer Parabel) und bildet die grössere Hälfte der Linse. Zwei Strata einer durchsichtigen Membran setzen sich vom Ciliarkörper zwischen diese Segmente hinein fort. Jedes der Segmente besteht aus concentrischen Lamellen, welche gegen das Centrum dichter werden, wo der Kern weiterer Darlegung seines Baues widersteht. Er ist von brauner Farbe und bewahrt seine Durchsichtigkeit in Alkohol. *Krohn* ist weniger glücklich in der Beschreibung der Linse gewesen, er hält es für wahrscheinlich, dass eine Lamelle der Iris und Retina die Linse durchsetze. Da ich sicher weiss, dass seine Auffassung eine irrthümliche ist, darf ich den Leser auf seine Arbeit verweisen.

Sehr bemerkenswerth ist, dass wie *Krohn* hervorhob, *Huschke*[2]) schon 1817 eine Beschreibung der Linse gegeben hat, die durch ihre Richtigkeit in Erstaunen setzt. Er sagt: Ich finde im Opticus, dass nicht nur, wie bekannt, das Corp. ciliare in die Furche der Linse sich einsenkt, sondern dass sogar die Linse mit dessen Fortsätzen so sehr zusammenfliesst, dass ich zugleich mit den einzelnen Linsenlamellen des vordern oder hintern Segmentes einzelne Stücke des Corp. ciliare abziehen konnte, beinahe bis zum innersten Kern hin, wo sie, allmählich feiner geworden, leicht abreissen. Es gehen daher die Lamellen der Linse geradeswegs in die Strata des Corp. ciliare, welche letzteren um vieles gröber und mehr zusammengehäuft sind, über. Sie heissen also aussen, wo sie mit Pigment überzogen sind, Corpora ciliaria, innen sind es der Linse durchsichtige Faserzüge.

Noch genauere Auskunft giebt *H. Müller*, obgleich man eigentlich sagen muss, dass er die Verhältnisse nicht so scharf aufgefasst hat wie *Huschke*. Er sagt: »Einen sehr merkwürdigen Bau hat der innere Ring

---

1) Leçons p. 400 u. 422.
2) Commentatio de pectine in oculo avium, p. 9.

des Corp. ciliare und die Linse. Eine mittlere Schicht enthält Gefässe, deren Endschlingen im Linsenseptum einen Kranz um dessen freibleibende mittlere Parthie bilden. Eine vordere und eine hintere Schicht besteht aus eigenthümlich angeordneten Zellen, welche zum Theil klein, zum Theil aber sehr gross, blasskörnig, mit bläschenförmigem Kern und Kernkörperchen, sowie mit einem sehr langen fadigen Fortsatz versehen sind. Sie sehen daher Ganglienkugeln mit Faserursprüngen äusserst ähnlich. Die Fasern gehen aber alle nach der Linse zu, und es lässt sich der Uebergang solcher schmaler Fasern in die breiten Bänder der Linse mit Evidenz beobachten. Es hat also im vordern wie im hintern Linsensegment jede Faser eine breite Parthie, welche der mittleren Wölbung angehört, und eine schmale Parthie, welche in den peripherischen abgeflachten Theil der Linse hineingeht und zuletzt mit einer Zelle endigt. Dies hat bis in den Kern der Linse gleichmässig statt. An der Oberfläche der Linse ist keine besondere Kapsel vorhanden, aber die Bänder haben eine eigenthümliche Anordnung, wodurch eine polygonale epithelähnliche Zeichnung hervorgebracht wird.

Vintschgau[1] ist der neueste Autor über diesen Gegenstand. Er bezeichnet es als sicher, dass die Zellen und Fasern des Corp. ciliare nicht mit denen der Retina zusammenhängen, »secondo *H. Müller* (loc. cit.)«. Ich muss hier einschalten, dass ich das bei *H. Müller* nirgends angedeutet finde, der einzige, der überhaupt solchen Zusammenhang vermuthet, ist *Krohn*. *Vintschgau* bestätigt *Müller*'s Angaben über den Zusammenhang dieser Zellen mit der Linse, beschreibt aber dann noch einen zweiten Fortsatz der Zellen des Corp. ciliare. Die Fasern sollen den Muskelfasern *Langer*'s gleichen. Wie der zweite Fortsatz endet, war *Vintschgau* nicht so glücklich zu sehen, aber aus Lage und Richtung möchte er wohl vermuthen, dass der Fortsatz sich mit den *Langer*'schen Muskelfasern vereint.

Obgleich durch dies Letzte wieder ein Irrthum eingeführt wird, so ist doch durch *Huschke*'s und *Müller*'s Beschreibung das ganze Verhältniss so richtig aufgefasst, dass dem nicht allzuviel hinzuzufügen ist. Wenn ich hier doch mit einer Beschreibung mich hervorwage, so geschieht dies, weil ich an mir selbst erfuhr, wie man erst dann eine sichere Einsicht in diesen Naturbau gewinnt, wenn man genauer darauf eingeht oder durch Abbildungen die Untersuchung sich ersetzen kann. Beachtung aber verdient der Gegenstand deshalb so sehr, weil die Beispiele, wo der Bauplan eines ganzen Theiles sich so vollkommen übersehen lässt, uns selten wurden.

Das Corpus ciliare, über dessen Lagerungsverhältnisse die Abbildungen Taf. XII. Fig. 1 u. 4 genügend Aufschluss geben, erscheint, von der

---

1) Ricerche sulla struttura microscopica della Retina etc. Sitzungsberichte d. kaiserl. Akademie zu Wien. 1853. p. 943.

Fläche gesehen, radiär gestreift, jedoch sind diese Streifen keine Falten, da seine Fläche vorn und hinten eben ist, sondern die Streifung beruht auf inneren Structurverhältnissen. Wenn man den Körper zerlegt, zeigt sich, dass man eine vordere kleinere und hintere grössere Hälfte zu unterscheiden hat, in beiden kommen aber wesentlich dieselben Elemente vor. Deren sind drei an Zahl, nämlich: Fasern, grosse Zellen und häutiges Bindegewebe, innerhalb dessen Gefässe und die Enden von Muskelfasern liegen. Die Bindegewebshaut ist in gewisser Beziehung das Formgebende und darum betrachten wir sie zuerst. Es bildet sich dieselbe aus dem Bindegewebe des *Langer*'schen Muskels hervor und läuft bis zur Linse hin, in deren Peripherie rings eingehend sie zugeschärft vollkommen endet. Auf ihrem Wege dahin faltet sie sich wie eine Halskrause, nur sind diese Falten selbst membranöse dünne Blätter. Diese gehen nach oben und unten ab, und von ihnen entstehen namentlich nach abwärts noch Nebenblätter, ein Verhalten, das man namentlich an Querschnitten (Taf. XVII. Fig. 64) sehr leicht erkennt. Die Blätter sind mitten zwischen Bulbuswand und Linse am höchsten, an letzterer sind sie schon ganz wieder vergangen. Innerhalb der einzelnen Blätter finden sich ausser Bindegewebsbündeln und Muskeln noch radiär verlaufende Gefässe in grosser Zahl, die an der Linse alle in dem von *Müller* erwähnten plexusartigen Gefässkreis enden. Ueber die Ursprünge dieser Gefässe aus ringförmigen Canälen (Taf. XII. Fig. 4, *f*) und die weitere Abstammung sehe man *Blainville* und *Krohn* [1]).

Die durch die Faltungen sehr vergrösserte Oberfläche der Membran ist nun überall von einer einfachen Schicht von Epithelzellen überkleidet. die, da sie recht gross sind, bei weitem die Hauptmasse des Körpers ausmachen. Dass diese Zellen wirklich ein Epithelium sind, ergiebt sich schon aus ihrer Lagerung zum Bindegewebe, aber ferner auch daraus, dass das Epithel der Iris ganz continuirlich in sie übergeht (Taf. XIII. Fig. 10) und dass die vordere Fläche des Ciliarkörpers ausser ihnen kein Epithel besitzt. Auf der hintern Fläche findet sich allerdings noch ein besonderes pigmentirtes Epithel, welches wenigstens bei Sepia deutlich genug ist (Taf. XIV. Fig. 23), aber ich kann hier nicht einmal eine Basalmembran nachweisen und möchte glauben, dass diese Zellen, die etwas verdickt an der Linse enden (Taf. XII. Fig. 4, Taf. XIV. Fig. 25), erst nachträglich über den Körper hinüber gewuchert sind. Andere Zellen finden sich im Corp. ciliare nirgends mehr. Innerhalb des Bindegewebes nur liegen an der äussersten Peripherie rundliche mit fadenförmigen Ausläufern versehene kleine Zellen, die ich aus Furcht, zu weit geführt zu werden, nicht näher untersucht habe, aber die ich für Ganglienzellen halten möchte.

Die Epithelzellen des Corpus nun sind ihrer Mehrzahl nach von birnförmiger Gestalt, sie sitzen mit breiter Basis auf und geben von ihrem

1) Nov. Act. 1842. p. 48.

zugespitzten Ende einen Ausläufer ab (Taf. XIII. Fig. 18). Nur ganz an der innern pigmentirten Spitze des Ciliarkörpers, wo sie spindelförmig und z. Th. mit Pigment erfüllt sind, sitzen sie der Membran nicht unmittelbar auf, sondern schicken einen kurzen Ausläufer zu ihr hin, mit dem sie festsitzen (Taf. XIII. Fig. 19), das andere Ende entsendet die gewöhnliche Faser. Auf diese letztere Form bezieht sich also wohl *Vintschgau's* Beschreibung, die so weit bestätigen zu können mich freut.

Die Ausläufer, die diese Zellen abgeben, sind oft beträchtlich lang, eine Linie und darüber, dabei ausserordentlich fein und nach dem Tode mit flüssigem Inhalt gefüllt, was daraus, dass sie leicht varicös werden, zu schliessen ist. Sie liegen, zu lockeren Bündeln vereint, sowohl zwischen den Blättern, wie dicht unter der Oberfläche, und streben alle der Linse zu. Durch dieses Verhalten erklärt sich das oben erwähnte makroskopische Aussehen der Fläche des Ciliarkörpers, Membran und Epithel bewirken die Streifung, die Fäden sind durchsichtig und machen daher den Effect von Lücken oder Falten, wodurch die verkehrte Annahme einer wirklichen Faltung entstanden sein mag.

Im Allgemeinen haben alle Fasern die Tendenz an die Oberfläche zu gelangen, es gelingt dies aber in Wirklichkeit nur den ersten von den an der äussersten Peripherie gelegenen Zellen des vorderen Ciliarkörpers. Die wenigen Fasern, welche so an die Oberfläche treten, enden hier mit einer etwas verbreiterten plattgedrückten Fläche (Taf. XIII. Fig. 21), dadurch erscheint die Oberfläche unregelmässig polygonal gefeldert (Fig. 20, 21, *A*). Es findet sich hier also das paradoxe Verhalten, dass die Fläche eigentlich kein Epithel besitzt, aber doch von einem solchen gedeckt wird. Die Epithelzellen liegen ja fern ab und berühren die Oberfläche gar nicht, und dennoch überziehen sie dieselbe, vielleicht ebenso wirksam wie jedes andere Epithel. Dass sich die Sache so verhält kann um so weniger bezweifelt werden, als nach aussen zu die Stiele immer kürzer und kürzer werden, bis endlich die Zelle selbst wieder die Oberfläche erreicht (Taf. XIII. Fig. 10). Ein so eigenthümliches Verhalten von Zellen war meines Wissens noch nicht aufgefunden.

Alle anderen Fasern nun des vordern Ciliarkörpers und sämmtliche des hintern erreichen die Linse und bilden, sobald die Bindegewebsmembran aufhört, ausschliesslich das Linsenseptum. Da die oberen und unteren Fasern sich nicht durchkreuzen, erklärt sich leicht, wie man im Septum zwei Häute unterscheiden konnte. Diese also nur aus den Zellenausläufern gebildete Membran ist an der Peripherie ziemlich mächtig (Taf. XII. Fig. 4), nach dem Centrum zu verdünnt sie sich so sehr, dass sie in diesem selbst nahezu verschwunden ist (Taf. XIV. Fig. 22). Die frische Linse ist äusserlich weich, im Kern mindestens so hart wie Fischlinsen, die äussere Parthie trübt sich beim Erhärten. An Durchschnitten erscheint die Linse schon dem blossen Auge ausgezeichnet geschichtet (Taf. XII. Fig. 1), dies rührt jedoch nur von *Becker*'schen Gängen[1]) her, die beim Erhärten und Schneiden entstanden sind, die wirkliche Schichtung ist im Innern sehr fein, so dass man starke Vergrösserungen gebraucht, um sie wahrzunehmen (Taf. XIV. Fig. 24). Diese Schichtung geht bis an den untersten Kern, aber leider glückte es mir nicht von diesem einen vollkommen genauen Durchschnitt zu gewinnen; da man jedoch den untern Kern unter dem Mikroskop bis zur allerzierlichsten Perle zerblättern kann, lässt sich auch hier die Schichtung beweisen. Es ist also kein Zweifel, dass *Cuvier* 's Beschreibung das Richtige traf, jede Linsenhälfte besteht aus einer Unmasse der feinsten einander dicht überdeckenden Halbkugeln. In diesen einzelnen Calotten lässt sich aller Mühe und allen Querschnitten, endlich aller Durchsichtigkeit des Präparats zum Trotz keine weitere Structur, etwas Niederschlag ungerechnet, nachweisen. Betrachten wir jedoch den Rand einer solchen Lamelle, so sehen wir Fasern daran hängen (Taf. XIV. Fig. 26, 27) und etwas verbreitert continuirlich in die Linsensubstanz übergehen. Eine Strecke weit lassen sie sich noch in dieselbe verfolgen, dann aber verschwinden sie gänzlich, und zwar in den härteren Parthieen der Linse rascher (Taf. XIV. Fig. 27). Untersuchen wir weiter, so finden wir sogleich, dass diese Fasern nichts anders sind wie die Ausläufer der Epithelzellen des Corpus ciliare, dass diese sich alle in Linsensubstanz umwandeln und dass aus ihnen allein die Linse hervorgeht. Merkwürdiges Verhalten — — weil sie in zwei Portionen liegen, besteht auch die Linse aus zwei Theilen, weil ihre vordere Parthie kleiner ist, ist es auch die vordere Linse, weil die Ausläufer alle in der Mitte zusammenstrahlen, musste sich die Linse wölben, wo endlich der Gefässkranz aufhört, beginnt die Umwandlung der Fasern in Linsensubstanz. — Warum ward doch die Linse nicht ganz einfach aus germinal matter gebildet?

---

1) *Becker* hat in *Gräfe's* Archiv Bd. IX. »Ueber die Linse« in der embryonalen Linse Gänge beschrieben, die er für normale Bildungen hält und sogar für die Accomodation verwerthet. Gleichzeitig mit ihm hatte ich verschiedene Entwicklungsstadien der Linse untersucht und die von ihm beschriebenen Lücken auch gesehen, aber für Kunstproducte gehalten. Auch nach dem Einsehen seiner Arbeit bleibe ich bei dieser Ansicht, es sind beim Erhärten durch ausgequollene Masse erst hervorgebrachte, durch den Schnitt klaffend gewordene Lücken. Ich hatte auch das vordere Linsenepithel beachtet, und da ich regelmässig gestellte Kerne in körniger Masse liegen sah, hin und wieder auch Abgrenzungen zwischen den Kernen bemerkte, betrachtete ich diesen Streifen als Epithelium. *Becker* erklärt nun diese Zellen für besonders geeignet, die Richtigkeit der Theorie vom Protoplasmaklümpchen mit Kern nachzuweisen, giebt aber leider nicht die geringste Andeutung darüber, wie er den Nachweis sich geliefert habe, dass Membran und Zellflüssigkeit fehlt. Dennoch muss es, soviel ich davon sah, sehr schwer sein hier so tief einzudringen, um von dem alten Usus, Kerne mit umgebender, einigermassen abgegrenzter Molecularmasse zum Nachweis der Zellen im Allgemeinen genügen zu lassen, absehen zu können. Was im Uebrigen von der interessanten Entwicklungsweise der Linse angegeben ward, fand ich völlig bestätigt.

An der Peripherie scheint die Linse noch zu wachsen; denn wie man Taf. XIV. Fig. 25 sieht, haben die jüngsten Lamellen die Kuppel der Linse noch nicht erreicht, sondern enden vorher verbreitert. Diese Enden billen, von der Fläche gesehen, breite Felder (Taf. XIII. Fig. 20), so dass die Linse von ähnlichen Gebilden überdeckt ist wie die vordere Fläche des Corp. ciliare. In der That gehen diese continuirlich ineinander über (Fig. 20, *A*). Die hintere Fläche (Fig. 20, *B*) besitzt breitere und grössere Felder wie die vordere. Es ist wahrscheinlich, dass die Lamellen in der Mitte mit einander verschmelzen, aber das Mikroskop zeigt davon Nichts. Ich will überhaupt das, was ich soeben über die Ursache der Linsenwölbung erwähnte, nicht gar zu stricte verstanden wissen. Allerdings ergeben die Messungen, dass dieselben Linsenlamellen in der Mitte dicker sind wie seitlich, auf 0,1 Mm. Dicke kommen seitlich 78, im Scheitel 66 Lamellen, wären sie das nicht, so würde wohl die ursprüngliche Wölbung sich allmählich ausgleichen müssen, wenn auch die mathematische Nothwendigkeit nicht vorliegt. Jedoch durch die Convergenz aller Fasern ist noch kein unumgänglicher Zwang gesetzt, dass die daraus entstehenden Lamellen sich in der Mitte verdicken müssen, sie könnten sich ja sogar erheblich verdünnen, so dass die Linse fast flach würde, aber das ist eben nicht der Fall. Ebenso ist das Aufhören der Gefässe am Rande der Linse zwar interessant, aber die Bildung der Linsensubstanz kann doch nicht direct als eine durch Mangel an Blut hervorgerufene Atrophie oder Eindickung betrachtet werden, schon deshalb nicht, weil ja auch Fasern als solche bis in das Centrum der Linse gehen. Man könnte sogar die Sache umdrehen und sagen: am Rande der Linse findet sich ein sehr reiches, von den Radiärarterien des Corp. ciliare gespeistes Capillarnetz; unter dessen Einwirkung bilden sich die neuen Linsenfasern, die, einmal gebildet, nicht durch Mangel untergehen werden, sondern höchstens erhärten. Eigentlich ist die Entscheidung zwischen beiden Ansichten schwer, ich wollte nur im Allgemeinen andeuten, dass hier Beziehungen vorhanden sein könnten.

Kölliker[1]) hat angegeben, dass diese Linse durch Einstülpung entsteht. Seine genauen Beobachtungen über diesen Process, sowie über die Bildung des ganzen Auges stehen jedoch ganz unvermittelt da, so dass ich leider mich gar nicht im Stande sehe, daraus die Structur des erwachsenen Auges abzuleiten. Jedenfalls wird aber auch durch die Einstülpung der Linse bestätigt, dass man keinenfalls das zu ihr gehörige Corpus ciliare mit dem des Säugethierauges vergleichen darf, dass im Gegentheil der Name gründlich verkehrt ist; eigentlich würde es wohl besser sein das Gebilde als Corpus epitheliale (sc. lentis) zu bezeichnen.

Nähere Untersuchungen über Form und Brechungsverhältnisse der Linse habe ich nicht gemacht, schon deshalb nicht, weil mir keine frischen

---

1) Entwicklungsgeschichte der Cephalopoden p. 99.

Augen zu Gebote standen, aber es lassen sich doch aus den anatomischen Verhältnissen einige Schlüsse über die Accommodation ziehen. Es fragt sich, ändert die Linse durch Muskelcontraction ihre Form und ändert sie zum Zweck der Accommodation ihre Lage?

Es kann nun durch das Corpus epitheliale auf die Linse kein Zug, der ihre Form verändern könnte, geübt werden. Es kommt nämlich die Bindegewebssubstanz nirgends direct mit der Linse in Berührung, sondern sie trägt dieselbe nur vermittelst der Epithelialzellen und ihrer Ausläufer; diese liegen aber ausserordentlich ungünstig für Zugwirkungen, denn die äussersten Zellen müssen erst ihre Fasern über das ganze, lockere Corpus hinsenden, um die Linse zu erreichen, so dass gerade sie am wenigsten eine Zugwirkung ausüben können, die innersten Fasern liegen straffer, aber sie gehen gerade an den harten Linsenkern, der gewiss nicht veränderlich ist. Es kann also weder durch das Entstehen, noch durch das Aufhören einer Spannung auf diesem Wege die Linsenform verändert werden. Es wäre dagegen möglich, dass durch die Musculatur der Iris die vordere Linse so umspannt würde, dass sie sich etwas stärker wölben müsste, obgleich der Irisknorpel sich bei starker Zusammenziehung wohl in hinderliche Falten legen müsste. Jedenfalls kann die hintere Linse ihre Form gar nicht ändern. Wegen der sehr abgeplatteten Form des Bulbus scheint dagegen durch Contraction des *Langer*'schen Muskels eine ergiebige Vorwärtsbewegung der Linse mit Nothwendigkeit bedingt, wenn der Muskel stark genug wirken sollte, um dem Auge die Kugelgestalt zu ertheilen. *Langer* hat sich bereits in diesem Sinne ausgesprochen.

Die Haut des Bulbus zwischen Corpus und Knorpelring besteht bei Eledone, abgesehen von der Argentea, nur aus Muskel und Bindegewebe, ist aber innen noch mit Pigmentzellen belegt. Bei Sepia sind noch zwei dünne Haute zu isoliren, von denen die eine einige Muskeln enthält, und die als Fortsetzungen der Häute der Retina angesehen werden können.

Die Retina.

Wir kommen nun zur Betrachtung der Netzhaut, auf deren Zerlegung ich eine beträchtliche Mühe verwenden musste.

Die Ausdehnung und Lage der Retina entspricht im Ganzen der des Wirbelthierauges, doch trage ich Bedenken eine Pars ciliaris retinae zu unterscheiden. Die Retina hört etwa in der Mitte des Aequatorialringes scharf auf, ihre Grenze ist schon deutlich von *Sömmering*, dann namentlich auch von *Wharton Jones* [1] angegeben. Es ist nun, wie bekannt, die Reihenfolge der Retinaelemente eine umgekehrte wie bei den Säugethieren, d. h. nach innen liegen Pigment und Stäbchen, nach aussen die Ner-

1) *Froriep*'s Notizen 1836. N. 1035. Ueber die Retina und das Pigment des Kalmars.

ven, weshalb denn auch keine Papilla nervi optici gefunden wird. Das Verhalten des Pigmentes hat jedoch eine Zeit lang zu Irrthümern und Streitigkeiten Anlass gegeben. Da die Stäbchenschicht sehr stark mit schwarzem Pigment verwachsen ist, hielt man ausschliesslich den äussern Theil der Retina für nervös und den innern für eine deckende Pigmentlage, wobei es dann unbegreiflich war, wie das Licht wirksam sein könne. *Treviranus* [1]) war der erste, welcher in dem Pigment die Stäbchen erkannte. Es sei die der Netzhaut zugekehrte Substanz des farbigen Pigmentes aus Fäden zusammengesetzt, die dicht aneinanderliegend auf der innern Wand der Retina senkrecht stehen und bloss an ihren Enden mit der farbigen Materie bedeckt sind. Später veröffentlichte *Wharton Jones* eine gute Arbeit über diesen Gegenstand. Er sagt etwa: meine Zergliederungen und mikroskopischen Untersuchungen des Auges thun dar, dass dasjenige, was bisher als Pigment beschrieben worden, eigentlich nicht ein solches, sondern eine nervöse Ausbreitung von einer besondern Textur ist, von röthlich brauner Farbe. Wenn die Fäden des Nerv. opticus ins Auge eingedrungen sind, breiten sie sich in einer Lage von hellröthlichbrauner Farbe aus, welche ich mit dem Namen e r s t e L a g e d e r R e t i n a unterscheiden werde. Was ich die z w e i t e L a g e der Retina nenne, ist die röthlich braune Membran, welche, wie ich bereits erwähnt habe, der Theil ist, den man gewöhnlich als Pigment betrachtet hat. Sie liegt innerhalb der ersten Lage und zwischen den beiden findet sich eine ziemlich dicke und dunkle Lage Pigment, und durch Oeffnungen derselben geht die Nervensubstanz von der ersten Lage der Retina durch, um die zweite zu bilden. Wenn man die zweite Lage der Retina unter dem Mikroskop untersucht, so sieht man, dass sie aus kurzen Fasern besteht, welche perpendiculär zu ihrer Fläche gestellt sind. Diese Fasern endigen mit ihrem innern Ende in eine feine breiige Nervensubstanz, die ebenfalls röthlichbraun gefärbt ist, vorzüglich an ihrer innern Oberfläche, welche ein runzeliges oder körniges Ansehen hat.

Valentin[2]) sah die Stäbchen in ähnlicher Weise, ebenso *Joh. Müller*[3]) und *Delle Chiaje*. *Krohn* hatte früher die Stäbchen geleugnet, untersuchte dann aber von neuem[4]) und fand *Jones'* Angaben bestätigt, doch bringt er in dieser Richtung nichts wesentlich Neues.

Kölliker[5]) untersuchte dann in Spiritus conservirte Augen (welchen Thieres, Eledone?). Er unterscheidet sechs Schichten von innen her. 1) Den Nerven, 2) eine weisse Membran, die Zellen mit Kernen enthielt, 3) Pigment mit runden schwarzbraunen Zellen, 4) eine weissliche dünne Membran mit verschieden gestalteten Zellen und Kernen (es ist diese

1) Vermischte Schriften, Beiträge zur vergl. Anatomie der Sehwerkzeuge p. 155.
2) Repertorium für Anatomie Bd. II. Abtheil. 1.
3) Archiv 1838. Jahresbericht p. 139.
4) Nov. Act. 1843. Nachträgliche Beobachtungen.
5) a. a. O p. 102.

durchaus nicht unterzubringen und muss entweder zur zweiten Schicht
gehören oder ein Kunstproduct gewesen sein), 5) ungemein lange senkrecht gestellte Pigmentzellen, die nur an dem innern Ende mit braun-
rothen Pigmentkörpern erfüllt waren (Stäbchenschicht von Eledone und
Loligo), 6) eine weisse, ziemlich dicke Schicht, deren Structur nicht mehr
zu erkennen war.

Pacini[1]) untersuchte dann die frische Retina, mit deren Stäbchen
er sich namentlich beschäftigte, die Thiere waren jedoch zwei bis drei
Tage alt und die Stäbchen wurden theils mit Wasser, theils mit Säuren
untersucht, so dass sich nicht mit Erfolg das richtige seiner Angaben aus
den Beschreibungen der Zersetzungsproducte aussondern lässt.

H. Müller spricht sich sehr kurz aus: Die Netzhaut besteht zunächst
an der Hyaloidea aus einer Schicht glasheller, zum Theil röhriger Cylinder, welche senkrecht stehen wie die Stäbchen der Wirbelthiere. Die
darauf folgende Pigmentschicht wird von spindelförmigen Fortsetzungen
der Stäbchen durchbohrt. Dann folgt eine Schicht, welche der sogenann-
ten Körnerschicht im Bau entspricht, vielleicht auch den Ganglienzellen
der höhern Thiere und zu äusserst die horizontale Ausbreitung des Sehnerven.

Der neueste Autor über diesen Gegenstand ist *Vintschgau*, dessen
Abbildungen ich deshalb z. Th. copirt habe (Taf. XIV. Fig. 28, *A*, *B*).
Er unterscheidet sechs Lagen, nämlich von innen her gerechnet, die
Membrana limitans, ein Zellenstratum, Parallelfaser oder Stäbchenschicht,
spindelförmige Körper bekleidet mit Pigment, ein Kernstratum und Nervenfasern. Als Fortschritt ist hier zunächst nur zu erwähnen, dass
Vintschgau zeigt, wie bei S e p i a das Pigment sich nur an den äussern
festgewachsenen Theil der Stäbchen findet, während bei O c t o p u s und
L o l i g o es an den b e i d e n Enden sich anhäuft. Die Fasern, sagt er,
gehen in das Pigment hinein und bilden hier Anschwellungen, die zwar
mit Pigmentmasse bedeckt sind, an denen man aber doch hie und da
denselben lichtbrechenden Kern entdeckt.

Ich werde jedoch im Einzelnen auf seine Beschreibung zurückkom-
men müssen, da ich überall fast sie zu bekämpfen habe.

Die Retina besteht aus zwei stets leicht und sicher von einander zu tren--
nenden Blättern, einem innern, das wir als S t r a t u m e p i t h e l i a l e, und
einem äussern, das wir als S t r a t u m c o n j u n c t i v u m bezeichnen wollen.
In dem epithelialen Theile ist das Pigment in der Weise gelagert, dass es
am Grunde der Schicht jedes weitere Vordringen des Lichtes hindert,
wir können daher mit Sicherheit sagen, dass nur d i e Theile, welche
zwischen dem Pigment und dem Lichte liegen, beim Sehen durch die
Aetherschwingungen direct erregt werden. Hier liegen wesentlich nur

---

1) Nuove ricerche microscopiche sulla tessitura intima della Retina etc. in Nuovi
Annali delle Sc. Naturali di Bologna 1845. Serie II. Tom. IV.

stäbchenartige Gebilde, welche wir wohl mit der Stäbchen- und Zapfen-
schicht des Wirbelthierauges vergleichen dürfen.

Im Verlaufe der Untersuchung wird sich für das ä u s s e r e Blatt
Manches ergeben, was an die i n n e r n Parthieen der Netzhaut der Wirbelthiere erinnert, ich trage jedoch sehr grosses Bedenken hier zu homologisiren, aber allerdings bestimmen mich dabei Gründe, die noch keine
allgemeine Geltung haben. Die Netzhaut der Wirbelthiere ist Product des
äussern Keimblattes, das hat sich aus den gut genug stimmenden Arbeiten von mir[1]) über die Entwicklung der Säugethiernetzhaut, von *Babouchin*[2]) über die Entwicklung des Vogel- und Amphibienauges ergeben.
Die Radiärfasern sind somit kein Bindegewebe. Nur die Gefässe sind in
der Netzhaut bindegewebiger Natur, sind aber, wie ich es wenigstens
wahrscheinlich gemacht habe, nachträglich hineingewuchert.

Die äussere Schicht der Netzhaut der Cephalopoden scheint mir andere Beziehungen zu haben. Es treten hier plötzlich wieder Gefässe und
ein stark entwickeltes Gerüst, welches mit dem Neurilemm in Continuität
steht, auf, ich nehme daher vorläufig an, dass die nervösen Theile des
äussern Blattes in eine eigentliche Schleimhaut eingebettet sind. Ich
glaube, dass das Auge der Cephalopoden sich nach dem Typus der Ge-
ruchs- und Gehörorgane der Vertebraten, also als einfache grubige Einstülpung entwickeln muss, bei Nautilus ist ohnehin die Sache evident so.
Es würde demnach das i n n e r e Stratum continuirlich mit dem Corpus
epitheliale lentis sein und Epidermiszellen entsprechen.

Es will mir nicht gelingen weniger wie sieben Schichten in der Retina zu unterscheiden, an manchen Orten könnten leicht mehr aufgestellt
werden.

Die Schichten lassen sich auch an der äussersten Peripherie nachweisen. Es sind

Stratum epitheliale
{ 1) Die homogene Membran
  (Hyaloidea u. Limitans Auct.).
  2) Stäbchen.
  3) Pigment und Stäbchenkörner.

Stratum conjunctivum
{ 4) Zellenschicht.
  5) Balkennetz.
  6) Nervenschicht.
  7) Hüllhaut der Retina.

Vintschgau hat nach dem Vorgange *Pacini*'s zwischen der homogenen
Membran und den Stäbchen eine Zellenschicht beschrieben (Taf. XIV.
Fig. 28, *a*), ich habe dieselbe streichen können, da es mir unzweifelhaft
ist, dass sie sich erst nach dem Tode bildet, wie denn auch *Krohn* und

---

[1] *Virchow's* Archiv Bd. XXX.
[2] Würzburger naturwissenschaftliche Zeitschrift 1864.

II. Müller ihrer nicht erwähnt haben. *Vintschgau* selbst, der in einigen
Kerne findet, in anderen nicht, und der mannichfache Fortsätze an ihnen
wahrnimmt, scheint doch Bedenken hinsichtlich ihrer Zellennatur zu
haben, insofern er sagt: die sicherste Probe würde sein, wenn man sie
isoliren könnte, was, so viel es auch versucht ward, nicht gelang.

Es zeigte sich in vielen Augen die von *Vintschgau* beschriebene Schicht.
Entweder liegen hier dann einfache Kugeln, oder es finden sich zwischen
diesen auch noch radiäre Fäden, die etwa je einem Stäbchen entsprechen
dürften; in letzterem Falle nimmt die Schicht ein einigermaassen regelmässiges Aussehen an. Die ganze Masse ist aber äusserst brüchig und
bröcklig und färbt sich mit Carmin nicht stärker wie die Stäbchen selbst.
Bei der Retina von Thieren, die längere Zeit nach dem Tode erst einge-
legt wurden, finden sich dieselben Tropfen auch zwischen den Stäbchen
(Taf. XV. Fig. 40). Bei Eledone ist an einzelnen Augen das innere Pigment mit in diese Schicht hineingerissen worden, wo es dann mehr oder
weniger regelmässig vertheilt ist. Bei den besten Präparaten findet man endlich von solchen Bildungen wenig oder gar
nichts, so dass diese Schicht sich deutlich genug als Kunstproduct
nachweisen lässt. Wahrscheinlich sind in Venedig die Cephalopoden
nicht frischer gewesen wie in Pistoja.

Es fragt sich aber doch, wie diese Bildungen zu deuten sind. Ich
halte sie für ausgetretene und später erhärtete Proteintropfen und erkläre
mir den Unterschied zwischen Peripherie und Centrum, den die Schicht
allerdings zeigt, aus der verschiedenen Länge und Feinheit der Stäbchen
dieser Orte. Die Fäden dürften der zum Theil ausgetretenen Central-
masse der Stäbchen entsprechen, die Kugeln den gewöhnlichen Schleimtropfen der freien Fläche von Epithelzellen. Kerne habe ich nie wahrge-
nommen. Somit betrachte ich diesen Gegenstand bis auf Weiteres für
erledigt.

Die Schicht, welche ich zu den bisher angenommenen hinzufüge,
bedarf kaum einer besondern Begründung. Ich kann die Beschreibung
der einzelnen Retinaschichten mit ihr beginnen.

Die Hüllhaut der Retina.

Sie besteht aus einer dünnen bindegewebigen Membran (Taf. XVIII.
Fig. 66, *c*; 68, *f*), deren Aussehen nur dadurch von der Fig. 60 abweicht,
dass sie etwas stärker granulirt und dicker ist. An der Pars ciliaris enthält sie auch noch einige Schrägmuskeln. Die Haut ist jedoch für die Retina selbst ohne grössere Bedeutung. Sie vermehrt allerdings in etwas
die Consistenz des ganzen Gebildes, indem sie zwischen die Nerven hinein noch Scheiden abschickt, die sich mit dem Balkennetz der Retina
verbinden, aber diese sind zu locker und spärlich, um die Festigkeit be-
deutend zu erhöhen. Dagegen ist sie für die Lagerung der Retina wich-

tiger. Diese liegt nämlich überall nur locker an der Knorpelhaut an, ihre Lage wird nur einestheils durch den Druck vom Glaskörper aus gesichert, dann aber dadurch, dass die Hüllhaut sich besonders fest, sowohl mit dem Ende der Retina, als auch mit dem Aequatorialknorpel verbindet.

Ihr weiterer Verlauf nach dem Ciliarkörper hin lässt sich nur bei Sepia beobachten, da man sie hier etwas nach aussen von dem Ende der Retina wieder isolirt darstellen kann (Taf. XII. Fig. 4, *b*), nachdem sie eine kurze Strecke nicht isolirbar gewesen ist. Wenn man überhaupt eine Membrana limitans unterscheiden wollte, müsste es wohl diese Schicht sein.

Das Nervenstratum.

Die folgende von den Nerven gebildete Schicht ist an Dicke bei weitem am wechselndsten. Die Nerven liegen nämlich ausserordentlich locker und so kommt es, dass im Centrum sie allein der ganzen Dicke der übrigen Netzhaut fast gleich kommen (Taf. XVIII. Fig. 68, *e*).

Die Structur dieser Schicht bietet einige Schwierigkeiten. *Kölliker*[1]) beschreibt die Nerven so: »die Nervenfasern der erwachsenen Sepien sind übrigens von denen der höhern Thiere wesentlich verschieden und stellen feine, granulirte, gerade verlaufende, in verschieden dicke Bündel vereinigte Fasern dar, die durchweg gleich gebildet sind und von Unterschieden zwischen Inhalt und Hülle Nichts zeigen«. *H. Müller*[2]) sagt: »Im Nervensystem stellen die faserigen Elemente an manchen Orten bloss feine undeutliche Fibrillen ohne weitere Begrenzung dar. Sehr häufig sind exquisite Röhren von sehr verschiedenem Durchmesser vorhanden, an welchem Scheide und Inhalt getrennt ist. «

Vintschgau[3]) endlich sagt: Die Fasern sind sehr zarte Filamente von cylindrischer Form, sie zeigen im Innern keinen Inhalt und scheinen von einer einzigen Hülle umschlossen zu werden. Sie scheinen sehr gut mit dem Axencylinder der Wirbelthiere verglichen werden zu können; in Folge endlich der Erwirkung bekommen sie ein mehr körniges Aussehen.

Wie man sieht, stehen sich hier *Kölliker*'s und *Vintschgau*'s Angaben entgegen.

Ich fand wie *Kölliker* die frischen Nerven körnig. Da ich aus früheren Untersuchungen genau wusste, dass die Nerven der Cephalopoden und Bivalven frisch homogen aussehen, fiel mir das Verhalten auf und ich untersuchte die frischen Nerven mit Serum der Thiere wiederholt möglichst vorsichtig, aber ich fand sie in der That immer nur körnig; es bleibt mir dies Verhalten jedoch auffallend.

1) a. a. O. p. 79.
2) a. a. O. p. 344.
3) a. a. O. p. 973.

Durch Ür werden insoweit die Nerven nur unerheblich verändert
(Taf. XIV. Fig. 29, 30, 36, e). Der Nerv erscheint in diesen wesentlich
aus körnigen Faserzügen zu bestehen, zwischen die hinein einzelne, in
der Retina selbst schon häufigere (Taf. XIV. Fig. 32, g) Kerne eingestreut
sind. Dass diese Fasern durch Scheiden zu gröbern Bündeln vereint
werden, sieht man an Ürpräparaten zunächst schwierig, da nur hin und
wieder eine feine, zuweilen kernhaltige Membran von ihnen absteht
(Taf. XIV. Fig. 29, a) wohl aber an etwas macerirten Spirituspräparaten,
an denen man die Nervensubstanz wegwaschen kann, dann bleiben grössere Bindegewebsröhren, welche die Nerven umhüllen, zurück. Die Hüll-
substanz ist jedoch so fein, dass sie in grössern Nervenmassen ver-
schwindet, wodurch die Nerven der Cephalopoden ein ungewohntes Aussehen erlangen. Dringt man näher in die Structur der nervösen Masse
ein, so ergiebt sich, dass dieselbe aus vielen sehr dünnen Fasern bestehn
(Taf. XIV. Fig. 30), die sich aber nie weit verfolgen lassen, weil sie sich
immer wieder an benachbarte Fasern anlegen und dann dem Blicke sich
entziehen. Die Spaltbarkeit geht sehr weit; wenn jede dieser fast un-
messbar feinen Fasern einem Nerven entspräche, würde die Anzahl derselben trotz ihrer lockern Lage enorm sein. Ich glaube hin und wieder
zu sehen, dass in den körnigen Fäden noch eine homogene Faser verborgen liegt. In diesem Falle könnten die Körner als Nervenmark gedeutet werden, allein es glückt nicht recht diese homogenen Fäden genügend
zu isoliren. Ueber das Verhalten der Kerne zu den Nerven kann ich keinen Aufschluss geben, schwerlich gehören alle dem Bindegewebe an.

Die Nerven gehen nun schräg in die folgende Schicht, das Balkennetz hinein und vertheilen sich in demselben aufs feinste (Fig. 31, 32,
38, 40, 42, 67).

Das Balkennetz.

Diese Schicht führe ich eigentlich auch erst neu ein. Sie ist ganz gut
und scharf histiologisch abzugrenzen, doch muss ich bei ihrer Beschreibung auf das folgende Stratum mit übergreifen, da sie sich bis aus epitheliale Blatt erstreckt. Sie ist nämlich Theil eines eigenthümlichen Reticulums der Netzhaut, das auffällig genug gerade bei den Cephalopoden
ausserordentlich entwickelt vorkommt.

Wenn man feine, bis zu einem gewissen Grade erhärtete Schnitte
der Retina auspinselt, so glückt es ziemlich leicht [1]) alle nervösen Elemente einigermaassen zu entfernen, man behält dann ein zierliches Netz-

---

[1]) Das heisst, man muss mit einem feinsten Oelpinsel einige Stunden einen sehr
feinen Schnitt bei starker Vergrösserung auspinseln. Ich thue dies immer mit Syst. 4
Hartnack und einem pankratischen Ocular; für das blosse Auge dürfte die Sache wohl
zu anstrengend sein, wenn es überhaupt geht.

werk zurück. An einem solchen sieht man, entsprechend der von uns zu beschreibenden Schicht, ein kernhaltiges Netzwerk, dann, von diesem nach innen gehend, viele gestreckte Fasern oder Röhren, welche sich an der Grenze zwischen innerer und äusserer Schicht der Retina zu einer netzförmig durchbrochenen Grenzmembran vereinen, die man an Querschnitten nur als scharfe Grenzlinie sieht. Es ist jedoch die Entwicklung des ganzen Systems an den verschiedenen Regionen der Retina verschieden.

Das eigentliche Balkennetz ist an der Peripherie ziemlich weitmaschig und wenig entwickelt (Taf. XV. Fig. 42, b, 31) und geht zuletzt in die Hüllhaut auf. Im Centrum sind die Maschen viel enger (Taf. XIV. Fig. 32, b) und das Netzwerk enthält ziemlich viele Kerne, so dass es an Carminpräparaten als rother Strich erscheint (Taf. XVII. Fig. 68, d). Diese Region leistet die Dienste einer ziemlich festen Membran. An gewissen Stellen sind die Balken übrigens hohl und setzen sich peripherisch in Röhren fort (Taf. XV. Fig. 36).

Aus dem Balkennetz entspringen nun entweder direct Röhren und Fasern, oder nach innen von ihm liegt noch ein eigenthümliches Stratum aus einer mehr membranösen, anscheinend körnigen Substanz bestehend, welches zum Durchtritt der Nerven zuerst grössere, später kleinere Löcher enthält. Es scheint dasselbe jedoch nur in der Nähe des gelben Fleckes entwickelt vorzukommen (Taf. XIV. Fig. 32, i). Da ich leider die rechte Zeit zu seinem Studium versäumte, vermag ich nicht viel mehr darüber anzugeben, als was das Bild aussagt.

Aus diesem und dem vorigen Netzwerk entspringen nun Fasern, welche die äussere Netzhaut radiär durchsetzen und an der Grenzmembran enden. Diese Fasern sind an der Peripherie ziemlich spärlich (Taf. XV. Fig. 40, h), zuweilen ziemlich dick (Taf. XVI. Fig. 46 C, b). Im Centrum sind sie viel zahlreicher und dünner (Fig. 32, 34, 39 b, 45 c, 47, 50 a, 56 b).

Sie gehen, wie man mehrfach deutlich gesehen haben wird, an die Grenzmembran, verbreitern sich hier, anastomosiren und bilden so diese Membran selbst.

Es kommen ausserdem noch bei Sepia und Loligo, nicht aber, soviel ich sah, bei Eledone anstatt dieser Fasern Röhren vor, die aber nicht, wie man das wohl glauben möchte, mit den Gefässen in Zusammenhang stehen. Diese Röhren fand ich nur im Umkreis des gelben Fleckes, nicht in diesem, wo nur feine Fasern sich finden, und nicht peripherisch. Vielleicht liegen sie sogar nicht überall an ihm herum. In Fig. 32 sieht man die Uebergangsregion vom gelben Fleck in die Gegend der Röhren hinein. Es erweitern sich hier in der Nähe der Grenzmembran zunächst die Fäden, verlieren an ihr selbst entweder ihr mit Flüssigkeit gefülltes Lumen oder anastomosiren röhrig. Weiterhin aber werden die Röhren sehr lang (Taf. XV. Fig. 36) und die Radiärfasern verschwinden. Sie enden

dann, wie erwähnt, ramificirt im Balkennetz. Diese Röhren besitzen
Kerne, die excentrisch in ihren Wandungen liegen (Fig. 36, c). Die Figur
unterscheidet dieselben vielleicht nicht distinct genug von den Nerven-
kernen, aber ich bitte mir zu glauben, dass ich keine Verwechselung he-
gehe. Was mit diesem Röhrensystem zu machen ist, weiss ich nicht.

Die Grenzmembran ist gleichsam ein Netz, welches zwischen äusserer und innerer Retina eingeschaltet ist. Ihre Structur ist auch ganz peripherisch, nicht wesentlich anders wie im Centrum. An der Grenze der
Retina vereint sie sich mit der Hüllhaut (Taf. XV. Fig. 43). Die Membran
ist in Fig. 33 von der Fläche dargestellt. Sie ist zwar ausgepinselt, aber
es sind noch manche Nervenkerne zurückgeblieben. Es fallen an dem
Bilde zunächst grosse verzweigte und anastomosirende Röhren in die
Augen, dies sind jedoch nur Blutgefässe. Scheinbar von diesen geht das
feinere Reticulum ab. In Wahrheit liegen jedoch die Blutgefässe unter
der Grenzmembran und werden von den Radiärfasern umfasst (Taf. XV.
Fig. 39, g, 41). Erst diese sind es, die das Netzwerk bilden, wie man
auch an Fig. 43 ersehen wird. Es hat zuweilen den Anschein, als wenn
sich noch besondere Zellen an der Bildung des Reticulums betheiligten
(Taf. XV. Fig. 33, c), es wäre in der That möglich, dass hier ein Theil
derjenigen Zellen läge, welche die Radiärfasern abschicken.

Die Gefässe der Retina sind schon von *Krohn* genau beschrieben. Sie
vertheilen sich meistens unter der Grenzmembran, doch verlaufen sie oft
in sehr schräger Richtung durch die Zellenschicht der Retina (Taf. XV.·
Fig. 37). Die Gefässwände treten nun in Continuität mit den andern Ge-
weben der Retina, hin und wieder schienen sie noch eine besondere äussere Hülle mit sich zu führen.

Die Zellenschicht.

Zwischen dem Balkennetz und der Grenzmembran liegen nun die
Gebilde, welche dieser Abtheilung bei *Vintschgau* den Namen Kernschicht
verschafft haben, meine Zellenschicht.

Kölliker beschreibt aus der Retina »Zellen mit Kernen und Kernkörperchen, die theils rund, theils in allen möglichen Uebergängen zu Zellen
mit noch vorhandenen Kernen, theils in lange schmale Zellen oder Fasern
ohne Kerne überzugehen begriffen waren«, er nimmt jedoch an, dass dieses Stratum zwischen zwei Pigmentschichten liege; nach aussen von der
Pigmentschicht kommt seine fünfte Lage, eine weisse Membran mit Zellen. Ich möchte glauben, dass die fünfte und dritte Lage zusammenge-
hören und also bei der beiläufigen Untersuchung eine Verwechslung durch
die verschiedene Beschaffenheit dieser Lagen an den verschiedenen Stellen der Netzhaut eintrat.

Vintschgau sagt im Wesentlichen über diese Schicht: Die Kerne haben
eine ovale Form, der Contour ist markirt, ihr Inhalt nach Erbehandlung

etwas undurchsichtiger wie Wasser, sie haben zwei, drei und sogar vier Nucleoli, die zuweilen zerstreut liegen, zuweilen in einer Linie angeordnet sind. Die Kerne haben immer zwei Fortsätze, die von ihrem etwas zugespitzten Ende abgehen. Der eine dieser Fortsätze ist gegen das Innere des Auges gerichtet und vereint sich mit den Parallelfasern, indem er das Pigment durchsetzt, der andere ist gegen das Aeussere des Auges gewandt und *Vintschgau* glaubte einige Mal die Vereinigung mit den Opticusfasern wahrzunehmen.

Wie man an der Fig. 66 sieht, erhält sich die Zellenschicht genau bis ans Ende der Retina, nur wird sie hier sehr schmal, im Centrum ist sie dagegen ziemlich mächtig und besteht, wie man am leichtesten bei Eledone (Taf. XVIII. Fig. 67) wahrnimmt, aus ganz anders geformten Elementen.

Ich will zunächst das Verhalten bei Sepia näher beschreiben. In nicht ausgepinselten Durchschnitten der peripherischen Theile der Retina sieht man eine sich roth imbibirende Körnerschicht (Taf. XVIII. Fig. 65). Weiter peripherisch werden die Kerne spärlicher, ändern aber nicht ihre Gestalt. Ihre Natur ist nicht immer leicht zu erforschen, doch muss ich sie für Kerne mit dichter anliegender Membran halten (Taf. XVI. Fig. 56, *B*, *b*), viele sind ganz rund, manche aber in der That länglich, wie *Vintschgau* sie zeichnet (Taf. XIV. Fig. 28). Die Kerne haben eine körnige Circumferenz, einen mehr homogenen Inhalt und einen oder mehrere Kerne, über deren Lagerungsverhältnisse die Angaben von *Vintschgau* wiederum zutreffend sind.

Es ist nun schwer die zugehörenden Zellen aufzufinden, an manchen Orten sah ich nur Molecularsubstanz die Kerne umgeben (Taf. XV. Fig. 36, *d*), an andern Stellen pinselt man die Kerne aus einer Masse heraus, die ich mir als zergangene Zellenkörper denke (Taf. XV. Fig. 41), dann aber isolirt man auch Formen, wie die Fig. 44, *B* gezeichneten. Je näher man dem gelben Flecke kommt, desto deutlicher zeigt es sich, dass die Kerne innerhalb von Zellen liegen (Taf. XIV. Fig. 32, *c*). Im gelben Fleck ändern jedoch bei Sepia die Kerne ihre Lage; sie ziehen sich nämlich an die innere und äussere Grenze der Zellenschicht zurück, während die Mitte durch die Zellenkörper eingenommen wird (Taf. XVIII. Fig. 68).

Die nach aussen liegenden Kerne befinden sich in einem cylindrischen Zellkörper, der sich mit Carmin nur wenig färbt. Dieser Körper geht an die Grenzmembran breit heran, stutzt sich hier ab und sendet dann noch einen kürzeren oder längeren Fortsatz in die Pigmentschicht (Taf. XV. Fig. 44, *A*). In manchen dieser Körper ist ja doch der Kern verschwunden, oder im Verschwinden begriffen (Fig. 44, *B*). Er scheint zuweilen nur locker der Zelle anzuhaften, so dass er hie und da abgefallen sein könnte, aber andere Mal sieht man doch alle Stufen der Atrophie. Die an der Grenzmembran liegenden Kerne haben meistens runde Zellenkörper, doch geht auch von ihnen ein Faden in das Pigment hinein ab (Taf. XVI. Fig. 56, *B*, *b*). An Schnitten erkennt man die einzelnen Zellen nur schwer (Taf. XV. Fig. 38).

Bei Eledone und Loligo verhält sich die Zellenschicht an der Peripherie ebenso wie bei Sepia. Im gelben Fleck von Eledone werden die Zellen auch durchschnittlich cylindrisch, aber die Kerne bleiben in der Mitte der Zelle, woraus sich ein von Sepia auffallend verschiedenes Bild ergiebt. Noch dazu färbten sich die Zellenkörper mit Carmin gelblich, worauf jedoch deshalb kein Gewicht zu legen, weil durch die Cr successive die Anziehungskraft zur Farbe vernichtet wird. Die Zellenformen zeigen manche Verschiedenheiten, die aber wohl durch die Fig. 44 *A* u. *B*, 45 u. 67 genügend geschildert sind. Die Atrophie der Kerne lässt sich auch hier beobachten.

Die Pigmentschicht.

Wir kommen nunmehr zur Beschreibung des innern Blattes der Retina, zunächst zum Pigment. *Krohn* sagt darüber [1]), sie zeige sich aus rundlichen und länglichen Pigmentkugeln zusammengesetzt, die an der Grenze des äussern Streifens so dicht aneinander gedrängt sind, dass sie den fernern Verlauf der Fasern verbergen. Auch *Vintschgau* bildet das Pigment als ziemlich regelmässig geformte geschichtete Massen ab (Taf. XIV. Fig. 28, *A, e)*, die nach seiner Beschreibung die Hülle von spindelförmigen Körpern bildet.

Ich kann leider nichts bieten, was seiner Abbildung vergleichbar wäre. Das Pigment scheint mir im Allgemeinen frei zu sein, obgleich unter Umständen eine gewisse Zerlegbarkeit, die der Unterscheidung von Pigmentkugeln zu Grunde liegen wird, sich findet (Taf. XV. Fig. 45, *B, a,* Taf XVI. 55, *A*, 57, *C)*. Es bildet eine nicht unbeträchtliche Lage, auf welcher die Stäbchen ruhen, auch erstreckt es sich in die Stäbchenlage hinein und erfüllt bei Loligo und Eledone die Spitzen wiederum dichter. Uebrigens wird es wohl auch hier eine gewisse Beweglichkeit besitzen und also Lagenveränderungen eingehen können. Es ist mir sogar höchst wahrscheinlich, dass eine so dichte Ansammlung, wie sie sich gewöhnlich bei Eledone an den innern Enden findet, nur künstlich durch das Hervorquellen der Tropfen am freien Ende, die mit einer Verschiebung des Pigmentes verbunden war, entstanden ist. Wenigstens findet man hin und wieder Stellen, wo das Pigment gleichmässiger durch die ganze Schicht vertheilt ist. Die schwarze Farbe rührt von kleinen ovalen braunen Körnern her.

Unmittelbar auf der Grenzmembran findet sich wenig oder kein Pigment, hier stossen wir nämlich auf eine einfache Lage von Kernen, die sich mit Carmin tief färben und überall auf den Zeichnungen in die Augen

---

1) Nachträge p 45.

springen. Die Kerne haften in der Regel ziemlich fest an die Grenzmembran, doch ward zuweilen ein Kern etwas von ihr abgedrängt (Taf. XV.
Fig. 38). Ihre Gestalt ist in der Regel oval, eine zugehörige Zellenmembran
konnte ich mit Sicherheit nicht nachweisen, doch sah ich hin und wieder
Anhänge, die an eine solche erinnern (Taf. XVI. Fig. 48, *a*). Sie entsprechen an Zahl etwa den Stäbchen und senden zu ihnen hin scheinbar
einen Faden ab. Ich glaube, dass diese Kerne, die ich als Stäbchenkorn
bezeichnen will, ursprünglich einer Zelle angehört haben, deren Substanz
aber in Pigment und Stäbchen zerfallen ist. Es ist mir wahrscheinlich,
dass die hellen Flecke, welche *Vintschgau* an seinen spindelförmigen Körpern zeichnet, diesen Stäbchenkörnern entsprechen.

Die Stäbchenschicht.

Nach innen vom Pigment folgen die Stäbchen, die eine so mächtige
und zugleich so leicht isolirbare Schicht bilden, dass hier vor Allem eine
chemische Untersuchung des durch Licht erregbaren Apparates auszuführen sein dürfte.

Ich konnte erst vor Kurzem eine gute Arbeit von *Babouchin* [1]) über
die Retina der Cephalopoden einsehen, die mir jedoch noch bei der Untersuchung der Stäbchen hülfreich wurde. Da sie in russischer Sprache geschrieben ist, möchte ich mir erlauben sie hier wieder zu geben. Für
die Uebersetzung habe ich Herrn *Mecznikov* Dank zu sagen.

»Die Retina der Cephalopoden scheint mir viel complicirter gebaut zu
sein als man bisher annahm. Ich habe zuerst nachgewiesen, dass die
Stäbchen keine cylindrische Form haben und nicht in so einfachen Verhältnissen zu einander stehen wie bei den Vertebraten. Ihre Form ist
am besten bei Octopus zu erforschen, darum beschreibe ich hauptsächlich die Retina dieses Thieres. Hier bilden die Stäbchen die innerste
Schicht der Retina. Auf dem Querschnitte sieht man sie als parallele
Streifen, das äussere und innere Ende ist bedeckt mit einem undurch-
sichtigen Pigment, welches innen birnförmig, aussen spindelförmig erscheint. Vom innern birnförmigen Körper bis zum spindelförmigen hin
laufen sehr feine, aus Pigment bestehende Fäden. Bei oberflächlicher Betrachtung der isolirten Stäbchen scheinen sie den von Pigment bedeckten
Cylindern der Wirbelthiere sehr ähnlich zu sein (Taf. XIV. Fig. 28 C, *a*).
Bei genauerer Untersuchung bemerkt man jedoch, dass das Pigment nicht
auf der Oberfläche der Stäbchen, sondern in ihrem Innern liegt. Um die
Richtigkeit zu beweisen, braucht man nur ein Stäbchen in eine andere
Lage zu bringen, d. h. es auf eine seiner Seitenflächen zu lagern.

[1]) Bericht über seine wissenschaftlichen Arbeiten im Ausland in Zeitschrift des
Volksaufklärungsministeriums. März 1564.

Dann erscheint das Bild ganz anders. Das Stäbchen erscheint zwei-
oder dreimal schmäler, sein Körper viel complicirter. Wir bemerken
zwei breite laterale, in der Mitte des Stäbchens parallel nach den Enden
divergirende, stark lichtbrechende Stäbe. An den Enden zwischen diesen findet sich der mit einem einfachen Faden in Verbindung stehende
Pigmentkörper (Taf. XIV. Fig. 28, C, b). Dies beweist, dass alle in der
ursprünglichen Lage gesehenen Pigmentfäden in derselben Ebene liegen
müssen. Aus dieser Beschreibung ergiebt sich schon, dass die Stäbchen
der Cephalopoden keine cylindrische Form besitzen. Man könnte vielleicht annehmen, dass sie flache pigmenthaltige Körper bilden. Mit 32%
Kalilösung kann man sich bald überzeugen, dass die Stäbchen, so weit
ich sie beschrieben habe, noch keine letzten Elemente sind. Das Pigment
löst sich dadurch rasch auf (verschieden, wie es scheint, von dem der
Vertebraten) und die Stäbchen zerfallen in zwei Bänder. Man kann also
vermuthen, dass der früher für ein Stäbchen gehaltene Körper aus zwei
bandartigen Stöckchen besteht, zwischen denen das Pigment eingelagert
ist. Von der Richtigkeit dessen kann man sich noch besser an horizon-
talen Retinaschnitten überzeugen. Hier kann man das Vorhandensein
der eigenthümlichen Bänder mit dem zwischenliegenden Pigment sehr
deutlich sehen. Das Pigment erscheint zuweilen in kugliger oder ovaler
Form, oder selbst in Gestalt kleiner Körnchen, was vom Schnitt herrührt
(Taf. XIV. Fig. 28, C, c, e). Ausserdem bemerkt man, dass die lateralen
Bänder ein wenig gekrümmt und in der Mitte verdickt sind. Man kann
hier auch die Verhältnisse der Stäbchen zu einander beobachten. Ich bin
geneigt zu glauben, dass die beschriebenen Körper wirkliche Stöckchen
sind, die besondere, im Querschnitt als Quadrat erscheinende G r u p p e n
bilden. Nach dieser Deutung muss das Pigment nicht zwischen einzelnen
Stäbchen, sondern zwischen ihren Gruppen eingelagert sein. Folglich
scheint die Retina der Cephalopoden nach dem Typus der Crustaceen-
retina gebaut zu sein. Ich kann diese Meinung nicht bestimmt aussprechen, denn ich konnte keine Verbindung jener bandförmigen Körper mit
irgend einer Zelle finden.

Bei Sepia und Loligo sind die Verhältnisse noch complicirter, doch
gehe ich jetzt nicht näher darauf ein.

Ich komme jetzt zu den übrigen Elementen der Retina von Octopus,
sie scheint mir typischer wie bei den andern Cephalopoden gebaut zu sein.

Ich habe nachgewiesen, dass die An- oder Abwesenheit des Pigmentes nur zufällig ist, ich habe einige Exemplare von Sepia und Octopus
gefunden, deren Stäbchen ganz pigmentlos waren. Die Pigmentsubstanz
kann von einer Zelle in die andere übergehen, wie ich ganz klar bei dem
Seeaal sah. Dasselbe geschieht natürlich auch bei den Cephalopoden, wo
die in den Stäbchenenden angesammelten Pigmenttheile die bekannten
spindelförmigen Körper bilden. In der sog. Pigmentschicht habe ich nicht
die von andern Forschern erwähnten, runden, pigmentirten Zellen gefun-

den. Alles diesem Aehnliche zerfällt bei sorgfältiger Präparation in die spindelförmigen Körper. Nur bei Sepia habe ich kleine runde, an den Stäbchen festhaftende Zellen gefunden, doch sind dieselben farblos und nur mit pigmentirten Ausläufern versehen. Die nach aussen folgende Schicht der Retina besteht nur aus farblosen breiten ungleichen Fasern (beim Octopus, Loligo besitzt zwei Arten von Fasern: dicke und dünne), die meistentheils die spindelförmigen pigmentirten Körper mit den in der folgenden Schicht liegenden Zellen verbinden (wohl wie die Zellenkörper im gelben Fleck von Sepia? *V. H.*). Diese Zellen sind meistentheils oval, zuweilen rund, nach aussen haben sie sehr dünne Ausläufer, die in der aus Nervenfasern bestehenden Schicht der Retina verschwinden. Welche von diesen Ausläufern in die Nervenfasern übergehen — ist sehr schwer zu entscheiden. Zwischen den Zellen der Körnerschicht und ihren Ausläufern liegt die lacunäre Bindesubstanz, die unter dem Pigment zu enden scheint, dieses Ende oder diese Grenze, die auf den Querschnitten ein scharfer Streifen zu sein scheint, nenne ich Membrana limitans interna.

Was die nach *Kölliker* zwischen Körnerschicht und Nervenfasern liegende Membran betrifft, kann ich ganz entschieden ihr Fehlen behaupten, doch habe ich zerrissene Gefässe, die sehr feine Wände besitzen, und sehr leicht für eine besondere Membran gehalten werden können, sehr oft beobachtet. *Vintschgau* bildet zwischen der Glaskörpermembran und der Retina eine Reihe kernhaltiger Zellen ab, doch scheinen mir diese nichts weiter als getrocknete Eiweiss- oder Schleimtropfen zu sein. Ausser diesen Gebilden habe ich auf den erhärteten Präparaten immer einige feine, die erwähnten sog. Zellen, durchbohrende Fasern gefunden. Ob diese Fasern auch Producte der Ür-wirkung sind, kann man nur an frischen Präparaten entscheiden.«

Man sieht, dass meine Untersuchung der vorliegenden Arbeit zur Bestätigung dient. Ueber die bisherigen Differenzen wird, hoffe ich, der Leser selbst genügend entscheiden können.

Vintschgau hat auch die Stäbchenschicht besprochen, aber er bildet unbegreiflicherweise die Stäbchen als feine Fäden ab (Taf. XIV. Fig. 28, *B*, *a*, *e*, *i*).

Es sind die Stäbchen gestreckte parallelwandige, an beiden Enden abgestumpfte Gebilde, die an der Peripherie kürzer und dicker, am Centrum feiner und länger gefunden werden. Bei Eledone sind sie im Centrum 0,26 Mm. lang, 0,003 Mm. breit, an der Peripherie 0,09 Mm. lang, 0,006 Mm. breit. In der frischen Retina haben sie einen röthlich schimmernden homogenen Inhalt von einem Glanz und einer Lichtbrechung, wie etwa der Kern von Säugethierlinsen unter dem Mikroskop. Bei der nicht sehr genauen Betrachtung der frischen Theile fand ich an ihnen nichts Bemerkenswerthes. In erhärteten Stäbchen ist der Inhalt fein körnig geworden, hin und wieder finden sich auch grössere Körner vor.

Sie haben im Innern einen Canal, der mehr oder weniger mit Pigment gefüllt zu sein pflegt und in dessen Ende bei Eledone der birnförmige Pigmentkörper[1]) liegt (Taf. XVI. Fig. 57, *A*). An Schnitten erhärteter Präparate ist es sehr schwer sich über die Grenze der einzelnen Stäbchen immer Sicherheit zu verschaffen. Selbst bei genauem Zusehen an dünnen Schnitten sieht man so viele Streifen, dass man in der Deutung der Stäbchen irre werden kann (Taf. XVI. Fig. 51). Dennoch erkennt man an passenden Querschnitten ohne weiteres (Taf. XIV. Fig. 23, *A*), dass die Stäbchen Cylinder mit einem Centralcanal sind. Die Schwierigkeiten, denen wir an den Längsschnitten begegnen, erklären sich an diesem Bilde gleichzeitig. Die Stäbchen selbst sind nicht scharf contourirt, es prävaliren deshalb im Längsschnitt d i e Striche, welche durch den Centralcanal und durch die mit Intercellularsubstanz gefüllten, durch die Kreisform der aneinander liegenden Stäbchen bedingten Lücken entstehen. Eine sehr geringe Verschiebung des Focus ändert die Lage dieser Striche in verwirrender Weise, da sie ja in sehr wenig verschiedenen Ebenen liegen.

Die Stäbchen isoliren sich im Ganzen nicht gut, sie spalten sich zuweilen auf mehr oder weniger weite Strecken, wobei, wie es scheint, die stärkere oder geringere Mächtigkeit der Intercellularsubstanz maassgebend ist. Leicht lösen sich auch der Quere nach Theile von ihnen ab (Taf. XVI. Fig. 57, *C*). Sie bekommen überhaupt unschwer Einrisse, die so glatt durchgehen, dass eine umhüllende Membran nicht wohl vorhanden sein kann. Leider hat mir die Kalilösung für die Stäbchen nicht erhebliche Dienste geleistet, oder doch nicht mehr gezeigt, als was ich ohne dieselbe ergründet habe. -

Die Bilder des Querschnittes, die *Babouchin* beschreibt, habe ich auch gefunden, man erhält sie in der That leicht genug. Es machte mir zuerst viele Mühe sie richtig zu verstehen. Man trifft diese Figuren meistens an kleineren Partikeln feiner Quer-, oder besser Schrägschnitte. Solche Schnitte sind sehr leicht verletzlich, sei es durch das Rasirmesser selbst, sei es durch die Uebertragung auf den Objectträger oder durch das Deckgläschen. Es werden dabei die Stäbchen gesprengt und es entstehen die Vierecke. Das Centrum von diesen entspricht der I n t e r c e l l u l a r s u b s t a n z, die F l ä c h e n den W ä n d e n der respectiven Stäbchen. Das Pigment zwischen den Vierecken hat im Canal in den Stäbchen gelegen. Die Kreise der Stäbchenquerschnitte scheinen die Tendenz zu haben einmal gesprengt sich abzuflachen. Die Stäbchen, welche mehr zersetzt sind, die also einen Theil ihrer Masse auf die Oberfläche ausgestossen haben und dadurch dünnwandiger geworden sind, zerbrechen

---

1) Eigentlich liegt er etwas über das Niveau des Stäbchens hinaus, aber hier hat ohne Zweifel die Erhärtung einen Einfluss geübt, der nicht gestattet über die Norm etwas Sicheres auszusagen.

am leichtesten. So dürfte sich die etwaige Incongruenz in den Dickenverhältnissen der Figuren 52 *A* u. *B* erklären. Die unverletzten Stäbchen finden sich am sichersten an den Rändern dickerer Schnitte. Es würden also die Angaben *Babouchin's* entsprechend zu berichtigen sein.

Die homogene Membran.

Nach innen von den Stäbchen endlich folgt eine homogene Membran, die gewöhnlich als M. hyaloidea, von *Vintschgau* und *Pacini* als M. limitans bezeichnet wird. Die Haut ist ziemlich dick, structurlos, zeigt aber an meinen Präparaten an ihrer freien Fläche einen feinkörnigen Beleg (Taf. XVI. Fig. 53, *B*, *b*), den ich für einen künstlich erzeugten Niederschlag vom Glaskörper aus, der eine structurlose Flüssigkeit ist, halte. Sie liegt den Stäbchen fest auf und zeigt dem entsprechend kleine Eindrücke, die ich in Fig. 40 etwas zu stark hervorgehoben habe.

Krohn lässt diese Haut bis in die Linse gehen, *Vintschgau* berichtet darüber wie folgt: »Nachdem sie an das Ende der Retina gelangt ist, geht sie nicht bis an die Linse heran, wie es *H. Müller* sah (in der citirten Arbeit hat *H. Müller* nichts Derartiges gesagt), sondern heftet sich, hier angelangt, fest, aber endet nicht ganz, weil sie sich noch über den Theil der Iris (?) fortsetzt, den *Krohn* als den glatten Theil bezeichnet und der durch den *Langer'schen* Muskel gebildet wird, und geht bis zu den Processus ciliares, wo sie, wie *Vintschgau* glaubt, aufhöre, da er ihr nicht weiter folgen konnte.«

Ich finde nun, dass die Membran dicht am Ende der Retina vollständig aufhört (Taf. XII. Fig. 4, 40, 66), wie *Krohn* es zeichnet. Während sie aber überall an den Stäbchen ganz locker aufliegt, sitzt sie hier ausserordentlich fest. Diese Stelle hat ihr besonderes Interesse. Die Stäbchen verkleinern sich am Ende der Retina rasch und hören dann plötzlich auf, es folgt nun bei Sepia ein dicker Pigmenthöcker, auf dem die M. homogenea fest aufliegt (Taf. XV. Fig. 40). Dieser Höcker besteht aus cylindrischen gestielten Zellen (Taf. XVI. Fig. 53, *A*, *B*), die mit ihrer breiten Basis an der Membran haften, in sich Pigment entwickelt haben, ohne doch ganz damit gefüllt zu sein, und deren fadenförmiger Stiel in mehrere Ausläufer sich zu theilen pflegt. Neben diesen Zellen scheinen Fäden vorzukommen, die mir auf einen physiologischen Zerfall des Zellenkörpers beziehbar zu sein scheinen.

Bei Eledone scheint noch ein Zwischenraum zwischen der Stäbchenregion und dem Pigmentwulst zu bestehen (Taf. XVIII. Fig. 66), in welchem Pigmentzellen liegen, deren Oberflächen einige Fädchen abzugeben scheinen. Es könnte aber sein, dass diese Zellen sich nur durch die Erhärtung von der Membran abgezogen hätten. Auf dem Pigmentwulst zeigt die Haut sich hier faserig, als wenn die Pigmentzellen, die übrigens denen von Sepia ähnlich sind, unzählige Fäden in sie hineingeschickt und sie so gebildet hätten. Zuweilen ist das Ende der Zellen hier glänzend und homogen, als wenn sich schon die Substanz der Stäbchen entwickelte. Solche Elemente gleichen etwas den Stäbchen der Retina von Helix. Da die M. homogenea auf dem Pigmentwulst plötzlich zugeschärft aufhört, und da nicht wohl anzunehmen ist und nichts dafür spricht, dass die Stäbchen sich an der Ausscheidung betheiligen, so können wir wohl annehmen, dass der Pigmentwulst die Bildungsstätte der Membran sei. Wir wissen ja leider über deren erste Anlage noch nichts, aber wir können doch soviel sagen, dass die absolute Ausdehnung der Retina bei alten Thieren sehr viel bedeutender sein muss als bei jungen. Es wird folglich auch die homogene Membran an Fläche gewinnen müssen, und dies kann wohl nur durch Neubildung an ihrem Rande geschehen. Ich will in dieser Hinsicht kurz erwähnen, wie mir wahrscheinlich ist, dass dabei immer neue Zellen des Pigmentepithels der Pars ciliaris in den Pigmentwulst hineingezogen werden, während an dem hintern Rande dieses Wulstes sich die Zellen nach vollendeter Absonderung der Membran in Stäbchen, Stäbchenkorn und Pigment umwandeln dürften. Da ich Beweise für dies Verhalten hier nicht weiter gefunden habe, muss ich mich begnügen, diese Vermuthung so hinzustellen; wenn sie richtig ist, würde noch weiter daraus hervorgehen, dass das Auge sich bei den Cephalopoden wirklich nach dem Typus des Geruchs- oder Gehörorganes der höhern Thiere entwickelt, denn wir haben ja durch das Corp. epitheliale lentis hindurch ein mit der Epidermis continuirliches, die ganze Höhle des Bulbus auskleidendes Epithel, wenigstens überall da, wo die vordere Augenkammer nicht geschlossen ist. Bei Nautilus ist dies Verhalten übrigens unzweifelhaft.

Die Pars ciliaris retinae ist nur ein pigmentirtes Pflasterepithel mit einer ziemlich homogenen Grundmembran.

Zusammenhang der Retinaelemente.

Wir kehren nun noch einmal zur Retina zurück, um möglichst den Zusammenhang ihrer Elemente darzulegen.

Schon an den frischen Augen sah ich, dass nach Entfernung der Stäbchen, sowohl aus dem äussern Blatt der Retina, als auch aus dem etwa sitzen gebliebenen Pigment zahlreiche Fäden hervorragten.

Sehr leicht und gewöhnlich findet man nun an Cr-präparaten, dass da, wo die Stäbchen sich vom Pigmente trennten, eine Menge glänzender feiner Fädchen aus letzterem herausragen (Taf. XVI. Fig. 47, 54). Diese Fäden müssen nun unzweifelhaft entweder in oder zwischen die Stäbchen hinein gehen. Da nun durch die Lagerungsverhältnisse des Pigmentes es gerade bei den Cephalopoden so deutlich gemacht ist, dass nur in der Stäbchenschicht die Lichtperception geschehen kann, verdienen diese Fäden zunächst alle Beachtung. Krohn hatte schon erwähnt, dass man unter Anwendung von Druck sehe, wie die Stäbchen sich tief in das Pigment hinein erstrecken, vielleicht hängt das mit dem Verhalten dieser Fäden zusammen; aber ich glaube, dass diese Beobachtungen durch Compression nichts Sicheres bieten können. Das Pigment ist sehr undurchsichtig und mit einer Entfärbung durch Chlor kommt man, wie die angezogene Fig. 47 zeigt, nicht weiter. Man sieht jedoch häufig an den Rändern der Schnitte entweder an den Stäbchen Fäden hängen, die aus dem Pigment hervorgegangen sind (Taf. XVIII. Fig. 68), oder man sieht von den Stäbchenkörnern aus Fäden in das Pigment hineingehen (Taf. XV. Fig. 38, 39, 46, C, 48, 65). Aber auf diese Weise lässt sich doch nicht das ganze Verhalten der Fäden erkennen.

Ein geduldiges Auspinseln hilft jedoch sehr rasch weiter. Man kann das Pigment ganz entfernen und sieht dann sehr deutlich, wie die Fäden vom Stäbchenkorn aus in die Stäbchenschicht hineingehen. Man kann sogar finden, dass die isolirten Stäbchen noch an den Fäden hängen und an diesen hin und her flottiren, und man kann endlich das Stäbchen ganz entfernen, wobei sich häufig ein sehr langer Faden aus ihm herauszieht.

Ueber die Lage der Fäden in den Stäbchen ist nun so viel mit Sicherheit zu sagen, dass sehr viele von ihnen im Canal der Stäbchen liegen. Man sieht das nicht nur evident an solchen Präparaten, wie die Fig. 57, B, C uns wiedergiebt, sondern auch an Querschnitten erkennt man bei genauerem Zusehen häufig genug die Fäden im Durchschnitt. Es wäre aber möglich, dass auch zwischen die Stäbchen Fäden und Pigment hineinginge. Beim Zerreissen eines Schnittes sieht man häufig genug freie Fäden den Stäbchen anliegen, aber wir haben gesehen, dass die Stäbchen selbst sich leicht spalten. Ich glaube eigentlich nicht, dass auch zwischen den Stäben Fäden liegen. Jedenfalls ist klar, dass an beiden Orten die Fäden in sehr inniger Berührung mit der Stäbchenschicht sich finden.

Als ich nun weiter dem Verhältniss, in welchem das Stäbchenkorn zu diesem Faden steht, nachspürte, ergaben sich unerwartete Befunde. Ich suchte zunächst nach, ob etwa Fäden von aussen her an das Korn heran treten, aber es ist mir nie gelungen einen unzweifelhaften Faden vom Korn in gerader Richtung abgehen zu sehn. Dagegen glaubte ich mehrfach nicht ohne Mühe zu erkennen, dass seitlich gewöhnlich an ein hier liegendes glänzendes Kernkörperchen ein Faden herangehe (Taf. XVI. Fig. 49, a, 56, B). Immer war dieser Befund selten, und die Fäden könnten am Ende doch noch weiter verlaufen sein, so dass ich in dieser Hinsicht nicht fest überzeugt bin. Bei diesen Untersuchungen zeigte es sich nun aber, dass der Stäbchenfaden ein complicirtes Gebilde ist, weil er sich aus mehreren Fäden zusammensetzt. Man sieht nämlich ganz deutlich, dass neben dem Korn Fäden zu ihm hin verlaufen und in ihn eingehen, es kann sogar der Kern herausfallen, während diese erhalten bleiben (Taf. XVI. Fig. 38, 39, 56, A). Aber nicht bloss nach aussen zu zeigt er sich zusammengesetzt, sondern auch sein inneres Ende wird beim Auspinseln leicht in mehrere Fädchen zerlegt (Taf. XVI. Fig. 56 *A*), und so ergiebt sich, dass, wenn man ihn auch einfach sieht, er doch durch und durch aus mehreren aneinander liegenden sehr feinen Fäden besteht. Nun findet sich weiter, dass diese Fäden einen verschiedenen Ursprung haben und zwar sind es zum Theil directe Fortsetzungen des Nervs, zum Theil Fortsätze der Zellen des äussern Retinablattes. Wenn man einmal darauf aufmerksam ist, kann man sich sehr häufig von diesem Verhältniss überzeugen.

Die sehr feinen Nervenfasern liegen allerdings an Schnitten zu sehr durch die Zellen verdeckt, um sie hier ganz verfolgen zu können, aber man sieht doch hin und wieder deutlich, wie feine Fäden aus dem äussern Blatte über die Grenzmembran hinweg in das Pigment treten (Taf. XV. Fig. 45, *B*, *d*; 46, *C*, *D*, *a*; 49, *b*). Dasselbe Verhalten wird dann an ausgepinselten Präparaten viel deutlicher, da man hier solche Fädchen bis an den Stäbchenfaden hinein verfolgen kann (Taf. XVI. Fig. 56 *A*). In dem äussern Blatte sind zwar gewöhnlich die Fäden abgerissen, aber man findet sie doch von der Länge, dass man erkennen kann, wie sie bis zur Nervenschicht hinreichen mussten (Taf. XV. Fig. 36). Anderntheils sieht man aus dem Balkennetz eine Masse von feinen Fäden aufsteigen (was ich klar darzustellen unterlassen habe). Von diesen gehören aber viele dem Balkennetze selbst an, man kann dieselben aber durch ihre starke Lichtbrechung und Dicke von den Nerven, die hier noch ein granulirtes Ansehen haben, unterscheiden, aber das sicherste Criterium beruht ohne Zweifel darin, dass die einen an die Grenzmembran herangehen und mit ihr verschmelzen, die andern durchtreten. Ich erinnere mich jedoch nicht ganz sicher einen ganz continuirlich durchgehenden Faden klar gesehen zu haben, ich habe aber in der That nicht so sehr darauf geachtet, solche Präparate zu gewinnen, weil mich andere Dinge abzogen, als ich hierin sicher war.

Die Zellen der Zellenschicht senden gleichfalls einen Fortsatz in das innere Blatt der Retina hinein. An der Grenzmembran nämlich angelangt zeigen sie sich allerdings abgestutzt, aber aus ihrer Mitte geht ein conischer Fortsatz ab, der oft fast von der Dicke der Zelle, zuweilen weit dünner ist, zuweilen auch nach dem Abgange sich wieder etwas verdickt und den Kern der oft erwähnten sog. spindelförmigen Körper bildet (Taf. XV. Fig. 43, 44, *A*, 45, *B*, 50, 55, *A*). Er ist, soviel ich sehe, nie sogleich fadenförmig. Dieser Fortsatz geht mehr oder weniger tief ins Pigment hinein, zuweilen durchsetzt er es fast ganz und entsendet dann, sich conisch zuspitzend, ein Härchen an den Stäbchenfaden (Taf. XVI. Fig. 49, 57, *C*, 56, *B*). Diese Fortsätze bleiben bei Trennung der beiden Blätter je nach dem Erhärtungsgrad und der Dicke des Schnittes mehr oder weniger zahlreich im Pigmente stecken. Das oder die Endhärchen werden noch häufiger mit dem ganzen Stäbchenfäden zugleich fortgerissen. Die Vereinigungsweise mit diesem Faden scheint übrigens etwas variabel zu sein, zuweilen legen sich die Nerven schon kurz nach dem Austritt aus der Grenzmembran, oder während dessen dem Zellenfortsatz an, zuweilen später. Die runden Zellen entsenden auch einen dünnern Faden durch die Grenzmembran, doch ist derselbe seltener zu constatiren, weil er leicht abreisst (Taf. XV. Fig. 38, 56, *B*).

Wenn wir nun auch annehmen wollen, dass vom Stäbchenkorn selbst kein Faden abgeht und dass die runden Zellen wesentlich mit den cylindrischen identisch sind, so haben wir hier doch immer das physiologisch sehr interessante Verhalten, dass ein und dasselbe Stäbchen mindestens zwei verschiedenartige Nervenenden erhält. Ich glaube, dass damit zum ersten Mal sich ein Einblick in den anatomischen Mechanismus der Farbenperception thun lässt. Ich deute mir nämlich die Sache folgendermaassen. Entsprechend der *Young–Helmholtz'*schen Hypothese müssen in der menschlichen Retina sich mindestens je drei für die verschiedenen Farben verschieden empfindliche Endapparate finden, bei Rothblinden mindestens deren zwei. Es liegt nichts unwahrscheinliches darin für die Cephalopoden mindestens den letztern Fall anzunehmen, um so mehr, als wie ich finde, bei Pecten zwei räumlich ganz getrennte Nerven an die Stäbchen gehen. Nun muss man wohl annehmen, dass der Theil des Fadens, welcher eine directe Fortsetzung des Nerven ist, andere chemische Eigenschaften haben werde als der, welcher von Ausläufern der Retinazellen herrührt. Die Fäden werden nicht direct vom Lichte erregt, denn sie selbst liegen in der Norm wahrscheinlich vom Pigment umhüllt und bieten überhaupt dem Lichte nur eine geringe Fläche. Alle stehen aber eng genug mit der Stäbchensubstanz in Berührung, um durch Alterationen in jenen sogleich erregt werden zu können. Nehmen wir nun an, dass z. B. die violetten Lichtstrahlen andere Umsetzungen im Stäbchen hervorbringen wie die grünen, so wird wahrscheinlich der eine Faden mehr durch das eine Umsetzungsproduct erregt werden als der andere, und damit wäre schon die Möglichkeit einer Farbenunterscheidung gegeben. Es scheint mir sehr wohl denkbar, dass in der menschlichen Retina das Verhalten ein ähnliches ist, wenigstens sind wohl noch die bisherigen Versuche über das Farbensehen nicht bis zu den letzten Elementen, denen die Farbenwahrnehmung möglich ist, vorgedrungen. Ein Beweis gegen diese Möglichkeit scheint erst dann gegeben, wenn mit den drei am intensivsten erregenden Farben unter Beihülfe von Contrasten und, wie die Beobachter selbst betont haben, mit optischen Farben die Grenzen der Wahrnehmbarkeit erreicht sind. Ich finde es schwer die Farbenwahrnehmung überhaupt von dem Sehen gesondert zu denken.

Es bleibt mir noch übrig den Zusammenhang der Zellen mit den Nerven zu demonstriren. Die Nervenschicht, auf der in den centralen

Theilen der Netzhaut von Eledone die Zellen aufstehen, erinnert an die Molecularschicht der Wirbelthierretina und besteht seiner Hauptmasse nach aus einem dichten Gewirr von feinsten Nerven. Nun sieht man an den feinsten Stellen der Schnitte, dass statt eines mehrere Nerven an das breite Ende der cylindrischen Zellen herangehen, und dass diese Nerven nicht etwa aus einem stärkern Stammfaden hervorkommen, sondern dass sie von der Zelle ab nach verschiedenen Richtungen divergiren (Taf XVI. Fig. 58, *A*). Aehnliche Verhältnisse finden sich auch bei Sepia, aber hier theilen sich schon mehr die Zellen selbst in mehrere Wurzeln (Taf. XVI. Fig. 58, *B*). In den äussern Theilen geht nur ein Faden an die Körner, ob dieser sich in die Molecularschicht später theilt und ob etwa auch die Nervenfäden sich aus mehreren Nerven zusammensetzen, habe ich nicht ergründet. Sie sind im Centrum oft ziemlich dick und die Feinheit der dünnsten isolirbaren Nervenfäden ist so gross, dass ihre Zahl gewiss dazu ausreichen würde.

Es hat mich dies Verhalten, das ich trotz der Feinheit der Elemente bei Eledone mit aller mir wünschenswerthen Schärfe mehrfach beobachten konnte, sehr angezogen. Denn es scheint mir damit die Lösung eines Problems gegeben, das mich seit Langem in Spannung erhalten hat, was nämlich die Plexus, die Molecularsubstanzen, die aus mehreren Ganglien sich zusammensetzenden complicirten Axencylinder für einen Sinn haben.

Was ich hier vorführe ist, wie ich glaube, der erste Versuch derart, ich hoffe daher, dass man mir die Irrthümer, die ich wohl darin begehen dürfte, nicht als tadelnswerthe Fehler anrechnen wird.

Wenn schon an den so gut isolirten Extremitätennerven des Frosches unter Umständen eine Querleitung stattfinden kann, so ist es offenbar, dass bei ganz feinen Nerven, die eine relativ so grosse Peripherie besitzen und nackt aneinander liegen, die Möglichkeit einer Uebertragung etwa durch die negative Schwankung oder durch sonstige, allerdings im natürlichen Zustande bis jetzt noch nicht nachgewiesene Spannungsänderungen im Nerven geschähe. Nun könnte aber gerade durch die gefundene Einrichtung dieser Uebelstand compensirt werden. Nehmen wir nämlich, um zunächst bei unserm Befunde zu bleiben, an, dass die drei Nervenfasern, welche von der einen Zelle ausgehen, sich, nachdem sie während ihres Verlaufes jede neben Nervenfasern einer Anzahl viel weiter abgelegener Zellen gelagert waren, endlich wieder in einer Ganglienzelle vereinen, so würde davon die Folge sein, dass, wie man am leichtesten am Schema übersieht (Taf. XVI. Fig. 59), durch eine Erregung unserer Zelle zwar eine grosse Anzahl anderer Nerven mit erregt werden würde, dass aber unter allen Umständen die betreffende Endganglie dreimal so stark mindestens erregt werden müsste wie die einzelnen Ganglienzellen derjenigen Nerven, welche nun gerade neben den drei Fasern gelegen haben.

Es würde also trotz aller Miterregung eine streng localisirte Empfindung möglich sein. Unter gewissen Annahmen würde allerdings bei dieser Einrichtung (der ursprüngliche Reiz stärker sein müssen, als wenn der Nerv ein vollkommen isolirter wäre. Es ist aber durchaus nicht nöthig anzunehmen, dass die Nerven sehr schlecht von einander isolirt seien, sondern das Wahrscheinliche ist nur, dass sie nicht v o l l k o m m e n isolirt sind. Der d a r a u s resultirende Fehler ist es eben, der durch solche Einrichtung unschädlich gemacht werden könnte. Man kann auf diese Weise sich sogar die Beobachtungen, die zuerst von *Häckel* gemacht wurden, erklären, wie ein Nerv nach v e r s c h i e d e n e n Theilen gehen und in sich v o r s e i n e r T h e i l u n g eine Ganglie enthalten kann; wir können nämlich in unserm Schema in die drei zusammengesetzten Nervenstämme, oder weniger gut in einen von ihnen, eine Ganglienzelle gleichsam als Relais hineinlegen, ohne die isolirte Wahrnehmung zu stören, denn immer muss d i e Zelle, welche d r ei Nerven empfängt, am stärksten erregt werden. Diese Frage hier weiter auszuführen scheint mir nicht am Orte, nur das Eine möchte ich erwähnen, dass, wenn meine Annahme richtig ist, wir stets für einen Nerven z w e i Plexus haben müssen, den einen zur Verflechtung, den andern zur Entwirrung der Nerven.

Endlich will ich hier noch mit Beziehung auf die Entwicklung der Nerven erwähnen, dass die Zellen des äussern Blattes sämmtlich durch Theilung und Hineinwucherung des Epithels entstanden sein k ö n n t e n; in dieser Beziehung ist es nicht uninteressant, dass in den peripherischen Theilen des äussern Blattes sich hin und wieder Pigment findet (Taf. XV. Fig. 40); es ist dasselbe nicht etwa durch die Präparation hineingerathen, ich habe diese Möglichkeit geprüft.

Das Ganglion opticum.

Es bleibt uns noch übrig den Sehnervenknoten zu untersuchen. Dieser bildet bekanntlich eine so mächtige Anschwellung, dass er das Gehirn an Grösse übertrifft. Um so interessanter ist es, dass beim Nautilus, in dessen grossen Augen sich kein Bild entworfen kann, das Ganglion ganz fehlt. Es erlaubt dies den Schluss, dass sich hier eine Beziehung zu der Verarbeitung der Retinabilder findet. Wahrscheinlich würde also eine glückliche Zergliederung dieses Gebildes einen Einblick in die Gehirnthätigkeiten gestatten; um so mehr thut es mir leid, dass ich durch meine bildliche Darstellung nur zu diesem Studium anspornen kann, ohne für diesmal selbst mein Glück dabei versucht zu haben. Das Ganglion ist, wie man sieht, ein sehr zellenreicher Körper, der an der Peripherie mehrfache Schichten zeigt, wie bereits *Delle Chiaje* zeichnet. Es finden sich hier zwei Kernstraten, die durch eine Molecularschicht von einander getrennt werden. Aus dem äussern Kernstratum entspringt der Nerv, der von der früher erwähnten Membran (Taf. XVI. Fig. 60) bedeckt ist.

Der Tractus opticus wird von seiner Scheide und Gefässen ins Innere begleitet. Wenn man mit frischen Kräften daran geht, wird man, wie ich nach dem, was ich sah, nicht bezweifle, nach einiger Zeit über sein Verhalten ziemliche Klarheit gewinnen können.

Der weisse Körper zu den Seiten des Ganglion scheint mir den Bau conglobirter Drüsensubstanz zu besitzen; Lymphkörperchen ähnliche Zellen liegen in einem Reticulum. Im *Schmidt'*schen Sinne würde man ihn also in der That, wie mehrere Autoren wollen, als Aequivalent des Fettes bezeichnen können.

Ich habe ferner noch Augen von wohlerhaltenen Onychotheutis in Spiritus und einer Loligopsis zygaena in *Schultze'*schen Liquor untersucht, letztere verdanke ich der Güte von *E. Haeckel.* Es ergaben sich dabei einige bemerkenswerthe Puncte.

Onychoteuthis.

Bei Onychoteuthis liegt bekanntlich die Linse frei und wird von Seewasser umspült. Die äussere Augenkapsel fehlt jedoch nicht ganz, denn auf der Iris liegt noch eine besondere Schicht, die den Rudimenten der Augenkapsel entspricht. Linse, Corp. epitheliale und Knorpelhaut verhalten sich wie bei Sepia. Die Iris enthält gleichfalls eine Knorpelplatte, die aber zum Unterschiede von den früher erwähnten Thieren sehr deutlich verästelte Knorpelzellen enthält.

Die Untersuchung der Retina war wegen der Alkoholhärtung schwierig. Die Stäbchen waren wohlerhalten, sie trugen wie bei Sepia nur am festsitzenden Ende Pigment. Stäbchenkörner und in die Stäbchen eingehende Fasern konnten auch hier nachgewiesen werden. Das äussere Blatt der Retina ist gleichfalls nicht abweichend gebaut, wenigstens habe ich sowohl Grenzmembran, Radiärfasern und Balkennetz, als auch die Zellenschicht nachweisen können. Letztere bestand wie bei den andern Cephalopoden im Centrum aus gestreckteren Zellen.

Das Verhalten der Nerven war undeutlicher; da mich jedoch ein Vergleich zwischen durch Cr und durch Alkohol gehärteten Nerven interessirte, gab ich mir Mühe über dasselbe klar zu werden. Ich glaubte nun mehrfach eine Verbindung mehrerer Nervenfasern mit einer Zelle des Zellenstratums nachweisen zu können, und ebenso sah ich Fasern durch die Grenzmembran gehen. Jedenfalls ward soviel sicher, dass auffallende Verschiedenheiten gegen die mit Cr erhärteten Augen nicht vorhanden waren.

Loligopsis.

Das untersuchte Thier war nur klein und die Erhärtung in Liquor ist für histologische Untersuchungen sowohl wegen der entstehenden

Brüchigkeit der Gewebe, als auch wegen schlechter Conservirung ungünstiger. Die Linse liegt auch bei diesen Thieren unbedeckt vor; die Iris ist von einem Kapselrudiment überzogen, welches wie die äussere Haut des Thieres durchsichtig ist. Die Argentea auf der Iris enthält wie gewöhnlich schillernde Plättchen. Grant beschreibt von Loligopsis Leachii eigenthümliche Wulstungen auf der Iris, an einem solchen Thiere der Giessener Sammlung liess sich durch die äussere Betrachtung nichts über den Sitz und die Bedeutung dieser Wülste finden. Um ihr Verhalten näher zu untersuchen, erbat ich mir eine Loligopsis von Haeckel, aber leider fehlten die Wülste diesem Thier gänzlich. Die Retina war nicht besonders erhalten, jedoch waren die Stäbchen noch in ihrer Lage, und auch die sehr weich gewordene homogene Membran, sowie die Grenzmembran waren zu erkennen. Es zeigte sich, dass in dem Pigment, welches auch hier nur an den äussern Enden der Stäbchen sich befand, nicht wie gewöhnlich Stäbchenkörner lagen, sondern dass diese durch eine Lage cylindrischer Zellen vertreten waren, die nur an ihrem, den Stäbchen zugekehrten Ende Pigment trugen.

Nautilus.

Die Augen des grossen eingangserwähnten Nautilus hatten in ziemlich starkem Spiritus gelegen und waren sehr wohl erhalten. Das sehr leicht abwischbare, äussere Epithel sass ihnen fast überall noch auf, woraus sogar geschlossen werden kann, dass sie wenig berührt worden waren. Das eine Auge war etwas eingeknickt, das andere zeigte nur an der Pupille eine Einziehung.

Ehe ich nun auf die eigene Untersuchung eingehe, muss ich berichten, was durch Owen und Valenciennes über dies Organ ermittelt ist. Owen sagt wenig abweichend von seiner Abhandlung in der Encyclopädie [1] etwa Folgendes. Die Augen des Nautilus werden auf kurzen Stielen getragen, welche an den Seiten des Kopfes nach aussen abgehen. Sie sind sphärisch, vorn etwas abgeplattet, im Verhältniss zu denen der Gasteropoden gross, zu denen der Dibranchiaten klein. Sie zeigen das einfachste Verhalten eines Sehorganes, indem sie einzig aus einer dunklen kugligen Höhlung (Camera obscura) bestehen, in welche durch eine einzige Oeffnung Licht zugelassen wird während an der entgegengesetzten Seite ein Nerv ausgebreitet ist, den Lichteindruck aufzunehmen. Eine Einrichtung, die eindringenden Strahlen zu brechen und jede Spur des dioptrischen Apparates fehlte. Die Augenform ward durch eine zähe, unnachgiebige Sclerotica erhalten, die, nach vorn zu dünner werdend, durch eine runde, im Durchmesser keine Linie weite Oeffnung durchbohrt ward. Die Nerven, welche von dem kleinen ovalen Ganglion opticum aus-

1) a. a. O.

gehen, breiten sich aus und belegen unmittelbar die Sclerotica bis zur Mitte des Bulbus hin, indem sie eine feste reticulirte Netzhaut bilden. Letztere ist, wie die übrige Höhlung, von schwarzem Pigment bedeckt. Es war keine Spur von Glaskörper oder Linse vorhanden, aber ohne Zweifel werden beide (sagt *Owen*) im frischen Auge vorhanden sein. *Valenciennes*[1]) berichtet: Das Auge ist gross und an den Seiten des Kopfes vorspringend, es steht ganz frei und von den Tentakeln getrennt, an deren Basis es sich mit einem Stiele inserirt. Es ist oval, sein Längsdurchmesser erscheint etwas grösser wie der verticale, er beträgt 0,026 Mm. Seine Circumferenz ist verbreitert, weil das Organ an seinen zwei untern Drittheilen von einer freien und vorspringenden Hautfalte umgeben ist. Diese hat nach unten einen Ausschnitt, der in eine verticale zur Pupillaröffnung aufsteigende Furche ausläuft. Die Oeffnung ist nicht central und sehr klein, denn sie hat nur 1 Mm. im Durchmesser. Die Oberfläche der Haut am hintern Theile des Auges ist glatt, am vordern Theile und am membranösen Rande gerunzelt, und durch eine grosse Anzahl kleiner Vertiefungen ausgehöhlt, die vielleicht secernirende Crypten sind, oder von der Contraction des Organes durch Alkohol herrühren.

Das Auge ist ausgeleert und keine der Flüssigkeiten, welche es enthält, konnte beobachtet werden. Wenn man es im Durchmesser spaltet, sieht man sehr deutlich die drei Häute, welche das Auge umhüllen. Eine innere ist die Retina, die Ausbreitung des Nervus opticus, der dort hingeht (nach der Abbildung wird fast der ganze Stiel als nervös aufgefasst). Zwischen dieser Membran und der äussern (Haut) findet sich eine zweite von dichterem und gelberem Gewebe. Das ganze Innere ist mit einem schwarzen, sehr intensiven Pigment bedeckt.

Weitere Angaben über das Auge sind mir nicht bekannt geworden, doch weiss ich aus einer mündlichen Mittheilung von *van der Hoeven*, dass auch er die Contenta des Auges vermisste.

Im Allgemeinen wird man nicht gern diese merkwürdigen Befunde über mangelnde dioptrische Apparate für physiologische Zustände halten wollen, so dass schon aus diesem Grunde eine eingehende Untersuchung erwünscht war, jedoch ist das ganze Auge als niederste Stufe des Cephalopodenauges interessant, so dass ich glaubte Alles, was ich an diesem schwerer zu erlangenden Object finden konnte, veröffentlichen zu dürfen, wenn ich auch weiss, dass ein gutes Ürpräparat genügen wird, um eine meine Beschreibung überflügelnde Darstellung zu geben.

Die Pupille (Taf. XIX. Fig. 72) war nur an dem einen Auge (dem rechten, wenn ich nicht irre) zugänglich, an dem andern (Taf. XIX. Fig. 73) war sie so stark eingezogen, dass ich sie nicht zu übersehen vermochte. Mit der Loupe konnte ich an ihr nicht die geringste Verletzung wahrnehmen, der Rand war scharf und die Oeffnung rund; auf den leisesten

1) Nouvelles recherches sur le Nautile flambé, Archives du Muséum Tom. II. 1841.

Druck trat Flüssigkeit aus der Pupille hervor, von einer darin flottirenden Membran war nichts zu bemerken, das Auge war nur mit Spiritus erfüllt.

Zur weiteren Prüfung auf die Contenta ward das eine Auge quer durchschnitten; von innen gesehen zeigte sich (Taf. XIX. Fig. 72 *B*) eine etwas auffallende, pigmentlose Stelle (*e*) neben der Pupille, doch ergab das Mikroskop schon bei auffallendem Licht sehr deutlich, dass hier das Epithel nur durch eine Verziehung der Wand etwas auseinander gezerrt war, wirklich abgefallen oder ausgerissen war nichts. Das andere Auge hatte gar keine solche Verletzung. Demnach kann ich behaupten, dass eine Linse, die nach dem Typus anderer Cephalopoden gebaut war, in diesen Augen nicht vorhanden gewesen sein kann, denn eine solche kann nicht ohne Continuitätstrennung des Epithels entfernt werden. Das andere Auge ward von hinten her vorsichtig geöffnet. Ich glaubte hier die Reste eines ehemaligen Glaskörpers zu bemerken, da an den Wänden Spuren waren, als wenn eine dünne schaumige Flüssigkeit hier eingetrocknet sei. Die Wände der Pupille lagen nämlich so dicht an einander, dass Flüssigkeit nicht durchging, auch enthielt das Auge etwas Luft, so dass ich wirklich glaubte, es sei, ehe der Alkohol eindrang, etwas angetrocknet und daher seien jene Figuren aus dem Glaskörper entstanden. Es zeigte sich jedoch an Querschnitten, dass die Substanz zwischen Stäbchen und homogener Membran lag, also wohl nachträglich aus ersteren ausgetreten war (Taf. XX. Fig. 83 *g*).

Ich habe nach weiteren Belegen für die An- oder Abwesenheit von Augenmedien gesucht, namentlich schien es wahrscheinlich, dass im Falle der Abwesenheit Thiere oder Pflanzen in die Augenhöhle gerathen sein würden. Von ersteren habe ich jedoch nichts auffinden können, dagegen fanden sich einige kleine Diatomeen auf der Fläche der Retina. Die Formen waren jedoch so wenig auffallend und so sparsam, dass sie auf zufällige Beimischungen des Spiritus, Verunreinigungen des Präparates etc. bezogen werden konnten.

Die äussern Verhältnisse des Auges erkennt man am besten an den Fig. 71 u. 74 (Taf. XIX.). Die Maasse stimmen im Ganzen mit denen von *Valenciennes* überein, doch ist in Rechnung zu bringen, dass die Retina etwas gefaltet, die Augen also verkleinert sind.

Vom Augenstiel abgesehen war die Höhe des Auges 25 Mm., der grösste der Querdurchmesser 24 Mm., die äussere vordere Fläche des zweiten Auges 18½ Mm., die Pupille 2½ Mm., die Tiefe der Augenhöhle 14 Mm., die Breite 12 Mm., Durchmesser der Pigmenthaut 11—12 Mm. Weiter ist hervorzuheben, dass der schon erwähnte membranöse Saum (Taf. XIX. Fig. 71, 74 *q*) am rechten Auge weniger hervortritt, während das andere denselben sehr deutlich zeigt.

Das Auge ist in Beziehung auf seine Häute möglichst einfach gebaut, es stellt nämlich nur eine in einen Hautwulst eingelagerte mit Retina ver-

sehene Höhlung dar. Die Abtheilungen, die man möglicherweise noch
an seiner Hülle unterscheiden könnte, sind (Taf. XIX. Fig. 74) möglichst
hervorgehoben ; man sieht hier einen äussern feinen Saum (c) und nach
innen von diesem eine dickere Substanz (f), welche den etwas reticulirten
Nervenstamm (d) umgiebt.

Die nähere Untersuchung ergiebt aber, dass doch nur eine Hüll-
substanz angenommen werden kann. Diese besteht nämlich aus einer
bindegewebigen Grundsubstanz, die nach aussen durch einen hellen Ba-
salsaum (eben jene Linie c) abgegrenzt wird, auf dem dann das Epithel
sitzt (Taf. XIX. Fig. 76 B, 79). Der Saum lässt sich nicht gesondert darstellen, und geht continuirlich in die Bindesubstanz über. Von Knorpelhaut und Argentea findet sich durchaus nichts vor.

Ich will nun zunächst den Nervus opticus beschreiben. Im Anfange
des Stieles liegt der Nerv in ziemlich compacter Masse in zwei ungleich
grossen Abtheilungen (Taf. XIX. Fig. 75 A, a u. a'), bald aber vereinen
sich diese, zerfallen in mit Bindegewebe durchflochtene rundliche Nervenbündel (Taf. XIX. Fig. 75 B), weichen aus einander und strahlen
nach allen Seiten in die Retina aus. Ein Theil dieser Nerven vertheilt
sich jedoch an die Muskeln, und auch unter dem Saume an der Oberfläche finden sich feine Nervenstämme (Taf. XIX. Fig. 79 b), die auch
wohl auf diesen Stamm zurückgeführt werden müssen.

Die Nervenbündel besitzen eine dünne Scheide, und bestehen aus
vielen feinen parallellaufenden, wenig körnigen Fibrillen. Sie sind farblos und gleichen verhältnissmässig wenig den Nerven der Dibranchiaten.

Owen spricht von einem Ganglion, ich habe nirgends im Nervenstamme Ganglienzellen finden können. Jedenfalls ist weder am Auge,
noch im Augenstiel etwas dem Ganglion opticum anderer Cephalopoden
Aehnliches vorhanden. Dieser Mangel eines Ganglion bei Mangel brechen-
der Medien scheint mir sehr bemerkenswerth.

Die Hülle selbst besteht aus einer homogenen Grundsubstanz (Taf.
XIX. Fig. 78 a), welche durch Bündel fibrillären, geschwungenen Bindegewebes (b) durchkreuzt wird. Dazwischen finden sich spärliche stern-
förmige Zellen, die jedoch nur gut nach Natronbehandlung wahrgenom-
men werden. Durch dies Gewebe verlaufen ausser den Nerven noch
Muskeln (Taf. XIX. Fig. 79 c), die durch die gelbe Farbe der grössern
Bündel, durch den wenig geschwungenen Verlauf ihrer körnigen Längs-
streifen, sowie durch ihre Resistenz gegen concentrirte Natronlauge unter-
scheidbar sind.

Die Bindegewebsfasern werden in der Nähe des Grenzsaumes feiner
und treten weniger hervor, da das Gewebe sich überhaupt, aber besonders an dieser Stelle, schlecht schneiden lässt, habe ich ihr schliessliches
Verhalten nicht ergründen können.

Der Grenzsaum, welcher aus einer ziemlich homogenen, das Licht stark brechenden Masse besteht, ist an verschiedenen Theilen verschieden mächtig. Unter dem membranösen Rande hört er eine Strecke weit ganz auf (Taf. XIX. Fig. 79), nachdem er sich ein wenig in das Innere des Gewebes hinein fortgesetzt hat. An dieser Stelle ist auch die Substanz selbst verändert, sie zeigt keine deutlichen Fibrillen, dagegen viele Kerne. Der Saum wird hin und wieder von Lücken radiär durchsetzt (Taf. XIX. Fig. 79 c), in denen zuweilen körnige, dem Anschein nach zu einer Zelle gehörige Masse liegt. Aus diesen Lücken sieht man in guten Präparaten eine grosse Menge feiner Fasern (oder mit festerer Substanz gefüllte Canäle) durch ihn hindurch treten. Es machte mir den Eindruck, als wenn jede Epithelzelle so einen Nerven bekäme, aber ich bin nicht im Stande gewesen volle Sicherheit darüber zu erlangen.

Das Epithel besteht aus langen ziemlich schmalen Flimmerzellen.

Eine nähere Beschreibung verdient noch die von den Autoren erwähnte Rinne, welche an der Vorderfläche des Auges zur Pupille hinläuft. Dieselbe beginnt, wie *Valenciennes* richtig bemerkt, von einem Ausschnitte des membranösen Randes, und zwar damit, dass sich zwei Leisten über die Fläche erheben (Taf. XIX. Fig. 77), weiter nach der Mitte gräbt sich die Rinne in die Substanz der Hülle ein, und die Leisten verstreichen fast ganz (Taf. XIX. Fig. 76 A), in der Nähe der Pupille erheben sie sich von neuem ein wenig, und die Rinne hört mit einer rundlichen Oeffnung auf (Taf. XIX. Fig. 73 b). An die Wände der Rinne setzen sich einige dilatirende Muskelfasern. Sie ist mit starkem Flimmerepithel ausgekleidet (Taf. XIX. Fig. 76 B). Aus dem Verhalten dieser Rinne schliesse ich, dass durch sie ein continuirlicher Wasserstrom getrieben wird, der dazu dienen dürfte, die Pupille rein zu spülen und gegen eindringende Körper zu schützen. Vielleicht hat der »Sillon lacrymal« der nacktäugigen Cephalopoden eine ähnliche Bedeutung.

Auf der Vorderfläche des Auges finden sich einige Crypten und Leisten, die nicht durch die Schrumpfung erzeugt sein können. Es ist hier der Ort zu erwähnen, dass auch im Augenstiel ein mit Flimmerepithel ausgekleideter Canal verläuft (Taf. XIX. Fig. 73 c). Derselbe beginnt an dem kleinen Augententakel (Taf. XIX. Fig. 71 c) in der dunkel gehaltenen Grube. Ich konnte ihn nicht weiter verfolgen, aber wie ich hoffe wird bald von anderer Seite über ihn berichtet werden.

Die Augenhöhle ist in dem vordern Drittheile von Pigmentepithel, in den zwei hintern von der Retina überzogen. Das Epithel (Taf. XIX. Fig. 72 B) nimmt um die Pupille herum einen herzförmigen Raum ein von etwa der Form wie Fig. 72 C, jedoch könnte die Fläche auch durch die Verziehung nur herzförmig geworden, in Wirklichkeit rund sein. Das Epithel ist mit dem der Haut continuirlich. Am Rande der Pupille (Taf. XIX. Fig. 80) wird dieses nämlich allmählich niedriger, und einzelne Zellen desselben pigmentiren sich; die Oeffnung selbst ist bereits von dunkleren Zellen ausgekleidet, die aber noch nicht überall mit Pigment erfüllt sind (Taf. XIX. Fig. 81). Von hieraus verlängern sich die Epithelien wieder ziemlich rasch, so dass sie im Allgemeinen stark gestreckt sind (ihre Länge beträgt hier 0,0744 Mm.), und abgesehen von dem Pigment wieder gewöhnlichen Cylinderzellen gleichen. Bemerkenswerth ist an ihnen, dass sie an der freien Fläche einen verdickten farblosen Saum tragen (Taf. XIX. Fig. 80 u. Taf. XX. Fig. 83), der etwas gestreift ist, als wenn er aus verklebten Flimmerhärchen bestände. Dies Epithel geht continuirlich in die Retina über, der Saum wächst aber dabei sehr rasch an und bildet, wie ich mit grossem Interesse gefunden, die Stäbchenschicht.

Die Retina hat noch deutlich den Typus der Cephalopodennetzhaut beibehalten. Die mächtige Stäbchenschicht, die Lagerung des Pigmentes, die gestreckten Zellenformen zeigen dem ersten Blick die Aehnlichkeit. Immerhin finden sich beträchtliche Abweichungen. Wir müssen zwar auch beim Nautilus in der Retina zwei Blätter unterscheiden, aber das äussere (Taf. XX. Fig. 83 e) tritt sehr zurück (Dicke 0,046 Mm.), während das innere sehr massig ist (Dicke 0,5 Mm.). Dem äussern Blatt fehlt Hüllhaut und Nervenschicht; die Nerven verlaufen nämlich in einzelnen runden Stämmen im Bindegewebe unter der Retina hin und gehen dann, sobald sie die letztere berühren, in kleinen Bündeln in sie ein (Taf. XX. Fig. 82 f). In dem Blatte liegen rundliche, meist mit grossen Kernen versehene Zellen, die in allen Abschnitten der Retina sich anscheinend gleich verhalten. Ich konnte die Zellen nicht isoliren, und überhaupt waren sie undeutlich, so dass ich nichts weiter über sie berichten kann; oft schienen Fortsätze von ihnen abzugehen. Die Grenzmembran (Taf. XX. Fig. 82 d) zwischen innerem und äusserem Blatt ist sehr deutlich, es verlaufen jedoch keine Gefässe in der Retina und das reticulirte Aussehen der Membran ist daher wenig ausgeprägt.

Ich habe mich davon überzeugt, dass sie von meistens feinen Löchern durchbohrt ist, aber da nicht möglich war die Zellen und Nerven abzupinseln, konnte ich sie nicht in einer für die Zeichnung genügenden Weise darstellen. Es scheinen hin und wieder Radiärfasern an diese Membran heranzutreten.

In dem innern Blatte finden sich statt der Stäbchenkörner und der Pigmentlage lange zum Theil sehr schmale Cylinderzellen, die an ihrer innern Spitze Pigment tragen. Diese Zellen (die bis 0,14 Mm. lang sind) sind directe Fortsetzungen der Pigmentzellen des vordern Augendrittels. In der Uebergangszone sind sie viel stärker von Pigment erfüllt, so dass man sie nur in den feinsten Schnitten deutlich zergliedern kann, doch ist die Continuität schon in (Taf. XX.) Fig. 83 deutlich genug. Durch das Vorkommen solcher Zellen nach innen von der Grenzmembran, beim Nautilus und bei Loligopsis scheint mir die Deutung, nach der die Stäbchenkörner der höhern Cephalopoden zerfallenen Zellen angehören, völlig gerechtfertigt.

Die Zellen sind ziemlich verschieden gestaltet (Taf. XX. Fig. 84, *A*
u. *B*), einzelne, so dünn wie Nervenfäden, verbreiten sich nur etwas in
der Pigmentschicht, wo ihr ovaler Kern liegt, andere ebenso feine verbreitern sich plötzlich in der Mitte und tragen hier ihren Kern, andere
sind sehr schmal cylindrisch, am äussern Ende zugespitzt, und endlich
giebt es solche, die ziemlich breit sind und gewöhnlichen Cylinderzellen
ähneln, nur sind sie an ihrem Ende häufig gespalten. Bei solchen Zellenformen lassen sich nicht die nach dem Tode eintretenden Veränderungen
genügend von den im Leben vorhandenen Formen unterscheiden. Immerhin waren die Zellen sämmtlich scharf und frei von unregelmässigen Aus-
buchtungen u. s. w. Ich glaube daher nicht, dass alle Formverschieden-
heiten als Leichenerscheinung aufgefasst werden können. Diese verschiedenen Formen liegen zerstreut durcheinander, so dass sie wohl alle als
physiologisch gleichwerthig aufzufassen sind. Ich denke mir, dass die
schmälern Zellen einer häufigern, die breiten einer seltenen Theilung
unterworfen waren. Wenn die Zellen auch ganz fadenförmig sind, pflegen
sie sich doch in der Pigmentschicht zu verbreitern. Das Pigment liegt,
soweit sich nämlich darüber entscheiden lässt, ohne die Zellenmembran
dargestellt zu haben, innerhalb der Zellen. Es ist feinkörnig und, wie
man bei Vergleichung der Flächenansicht (Taf. XIX. Fig. 81 *B*) sieht,
wenig intensiv. Die Retina liegt, wie man dort sieht, etwas in Falten,
an den Spitzen dieser liegt das Pigment auffallend angehäuft. Dieser Befund beruht wohl nur auf Zufälligkeiten, da eine Querwanderung des
Pigmentes sich doch wohl nicht annehmen lässt, die dicht zusammenge-
drängten Zellen und ein geringes Hervorquellen der Zellsubstanz dürften
genügen, um diese Erscheinung zu erklären.

Die Stäbchenschicht (0,35—0,24 Mm. dick) hat bei auffallendem
Licht ein auffallendes, wolliges Aussehen (Taf. XIX. Fig. 81 *B*). Sie hat
eine fast gallertige Consistenz und unterscheidet sich dadurch sehr von
der anderer Cephalopoden. Dieser Unterschied ist nicht durch die Behand-
lungsweise bedingt, denn ich habe Spirituspräparate von andern Augen
mit Rücksicht darauf geprüft. Die geringe Consistenz verhindert gute
Querschnitte zu gewinnen und die Stäbchen ganz zu isoliren. Ich glaube
jedoch, dass sie in der Form sich nicht von denen der Sepien unterscheiden, nur sind sie etwas feiner. Die Contouren der einzelnen Stäbchen
sind wenig deutlich, dagegen treten die Fäden, welche hier wie bei den
Dibranchiaten in den Stäbchen verlaufen, ausserordentlich deutlich hervor und sind leicht isolirbar (Taf. XX. Fig. 84 *B*, *d*).

Die Stäbchen scheinen in einer etwas verdichteten Substanz zu
enden (Taf. XX. Fig. 82), doch lässt sich nicht entscheiden, ob dieselbe
vielleicht nur Zersetzungsproduct ist.

Auf den Stäbchen ruht noch die homogene Membran (Taf. XX. Fig.
83 *f*). Diese ist nur sehr dünn und sitzt locker auf, in dem einen Auge

war sie verloren gegangen, in dem andern hatte sich die eingangser-
wähnte Substanz zwischen sie und die Stäbchen gelagert.

Sie scheint sehr allmählich zu beginnen, so dass ich über ihren Ursprung nichts weiter mittheilen kann, als dass sie auf dem hintern Theile
des Pigmentepithels sich noch vorfindet.

Der Zusammenhang der Elemente war nur unvollkommen zu erforschen. Dass die Stäbchenzellen Fäden aussenden ist klar genug, aber ob
neben ihnen etwa noch Nerven verlaufen, oder ob alle in Stäbchenzellen
eingehen, lässt sich natürlich nicht ganz sicher entscheiden. Ich glaube
jedoch, dass alle Nerven hier in Zellen übergehen. Sehr sicher lässt sich
nachweisen, dass Nerven an die Stäbchenzellen gehen. Man kann nämlich an feinen Schnitten die Nervenbündel in die äussere Retina aus-
strahlen sehen (Taf. XX. Fig. 82 f). Man kann ferner den Durchtritt
feiner Fäden durch die Grenzmembran beobachten (Taf. XX. Fig. 84 A),
und man sieht endlich sehr häufig, dass beim Ablösen der Stäbchenzellen,
sei es mehrere vereint, oder einzelne, einen langen (Nerven-) Faden mit
herausziehen. Ich habe (Taf. XX. Fig. 84 B, a) eine so isolirte Zelle gezeichnet, wie man sie häufig trifft; liegen solche Zellen noch mit andern
vereint, so kann gar kein Zweifel darüber bleiben, dass diese Fäden tief
in das äussere Blatt der Retina hineingingen, da sie oft länger sind, wie
dies Blatt dick ist.

Es würde noch der Beweis fehlen, dass diese Fäden und Fadenbün-
del wirklich aus einem Nervenstamme kamen. Ich glaube, dass daran
nicht zu zweifeln ist, aber den Beweis kann ich hier nicht führen. Zuweilen schienen mir in dem äussern Blatte mehrere Nerven an einen Zellenfortsatz zu gehen, aber ich sah es nicht klar genug. Ebenso habe ich
über den Zusammenhang der äussern Zellenschicht keine Sicherheit
erlangt.

In den Verhältnissen des innern Blattes scheint eine Analogie mit
dem Zahnbein vorhanden. Die Substanz der Stäbchen kann mit den
knöchernen Röhren verglichen werden, die Stäbchenzellen und die Stäbchenfäden mit den Zellen der Membrana eburnea und ihren Ausläufern.
Bei den Dibranchiaten sind aber diese Stäbchenzellen nur vorübergehende
Gebilde, bald zerfallen sie in Pigment und Stäbchenkorn, doch bleibt ihr
Stäbchenfaden noch erhalten, und in diesen hinein erstrecken sich noch
die Nerven. Die letztere Annahme hat keine Analogie, jedoch fehlt es ja
wenigstens nicht an Beobachtungen, dass Nerven noch innerhalb von
Ganglienzellen verlaufen können.

Nach meinem Befunde wird demnach auf der Retina des Nautilus
kein Bild entstehen, die nicht mit Muskeln versehene Pupille ist zu gross,
um nach Analogie der Kammer von *Porta* ein Bild zu erzeugen Jedoch
werden diese Thiere den Unterschied zwischen Hell und Dunkel, vielleicht
auch Farben wahrzunehmen im Stande sein, und die Anwesenheit einer

Pupille wird ihnen gestatten über die Richtung der Lichtstrahlen ein Urtheil zu gewinnen [1]).

Heteropoden.

Das Sehorgan der Heteropoden weicht sehr beträchtlich von dem Typus des Cephalopodenauges ab. Direct kann ich dies freilich nur von den Pterotracheen behaupten, denn nur diese konnte ich untersuchen. *Keferstein* hatte mir zwei grosse Pt. Friederici? und drei kleinere Pt. mutica zur Verfügung gestellt, von *Behn* erhielt ich noch Firoloides Desmarestii in Spiritus zum Vergleich. Die ersteren Thiere, an denen ich meine Untersuchungen hauptsächlich anstellte, hatten schon mehrere Jahre in dem *Schultze*'schen Liquor gelegen und waren sehr brüchig geworden, so dass in der That der Querschnitter alle seine Tugenden entfalten musste, um das Wenige darzulegen, was sich ergründen liess.

Nachdem das Heteropodenauge zuerst von *Krohn*[2]) beschrieben war, theilte *Huxley*[3]) einige weitere Beobachtungen darüber mit. Dann untersuchten *Gegenbaur*[4]) und *Leuckart*[5]) dasselbe genauer. *Gegenbaur* kam jedoch, wie er bemerkt, noch zu keinem recht genügenden Resultat, und da er Pigment zwischen Retina und Glaskörper vorfand, hält er es für wahrscheinlich, dass im Grunde des Auges ein Spalt sei, der Licht zur Retina treten lässt. *Leuckart*'s Untersuchungen kenne ich zwar, aber jetzt stehen sie mir leider nur in einem Auszuge von *Gegenbaur* zu Gebote. Ich komme auf diese Autoren zurück und möchte mir zunächst erlauben nach der neusten und, wie ich glaube, sehr fördernden Beschreibung von *Keferstein*[6]) die augenblickliche Sachlage kurz darzulegen. Dabei erlaube ich mir die Bezeichnungen Sclera und Choreoidea fortzulassen, weil ich dieselben für nicht entsprechend und für störend halte. Dasselbe gilt eigentlich auch für die Cornea, aber der Name lässt sich schwer ersetzen.

In einer Kapsel, die durch eine blasige Auftreibung der hier verdünnten Haut gebildet wird, liegen die Augen. Sie sind darin angeheftet durch den Nervus opticus und einen Muskelstreifen, der von der medialen Seite der Kapsel zum Auge in der Nähe der Linse geht, und den Augapfel hin- und herziehen kann. Das in den verschiedenen Gattungen der Gestalt nach sehr abweichende Auge enthält stets eine kuglige Linse und eine längliche hintere Höhle, welche selten oval, meistens hinten erweitert und dabei stark zusammengedrückt ist, so dass der hintere Theil fast

1) Ich besitze noch genügendes Material, um auf Wunsch einige Präparate von Nautilus und Eledone liefern zu können.
2) *Müller*'s Archiv 1839. Fernerer Beitrag.
3) Philosophical Transactions 1853.
4) Untersuchungen über Pteropoden und Heteropoden.
5) Zoologische Untersuchungen Heft III. 1854.
6) Klassen und Ordnungen des Thierreichs III. p. 824. (1863).

kahnförmig erscheint. Dieser Theil wird von einer Anschwellung des Opticus umfasst und trägt innen die Retina.

Die Linse besteht aus einer stark lichtbrechenden gleichförmigen Substanz, an der eine weitere Structur wohl nicht wahrzunehmen ist. Die, wenigstens halbkuglige, vordere Bulbuswand lässt einen feinkörnigen und zelligen Bau erkennen, und zeigt an der innern Fläche oft eine stärkere Krümmung wie an der äussern, so dass zwischen ihr und der sonst dicht anliegenden Linse vorn eine schmale vordere Augenkammer entsteht. Nach hinten geht diese Wand in die Augenhülle über, welche ganz klar und nur wenig streifig erscheint, und sich endlich in die klare Scheide des Opticus fortsetzt.

Die Augenhülle ist innen von dem Pigmentstratum ausgekleidet, welches aus dicht an einander liegenden polygonalen, kernhaltigen und mit braunen Pigmentkörnern gefüllten Zellen besteht. Am hintern kahnförmigen Theile des Augapfels schiebt sich zwischen Pigmenthaut und Augenhülle die oft sehr dicke Anschwellung des Opticus ein, und an dieser Stelle liegt zwischen der Stäbchenschicht der Retina und der gangliösen Anschwellung des Sehnerven die Pigmenthaut ausgebreitet. Letztere Haut zeichnet sich bei den Heteropoden dadurch sehr kenntlich aus, dass sie nicht weit hinter der Linse, welche sie ringförmig umfasst, eine scharf umschriebene Unterbrechung erleidet, durch welche man einen freien Einblick in den Glaskörper gewinnt.

Als zur Retina gehörig muss man einmal die gangliöse Anschwellung des Sehnerven ausserhalb der Pigmenthaut, und ferner die innerhalb dieser befindliche Stäbchenschicht ansehen. Der gangliöse Theil der Retina ist eine einfache Erweiterung und Ausbreitung des Sehnerven. Man kann hier (wenigstens bei Pterotrachea deutlich) mehrere regelmässige Schichten unterscheiden, zu äusserst eine streifige, dann eine zellige oder körnige und dann wieder eine streifige, worauf dann die Pigmentschicht folgt. Bisweilen gestattet eine grössere Lücke in der Pigmenthaut etwas mehr wie gewöhnlich von den Stäbchen zu sehen, und man bemerkt, dass es pallisadenartig nebeneinander stehende Cylinder oder Prismen sind, gewöhnlich bis oben hin von Pigmentkörnern bedeckt. Diese Stäbchen sind sehr lang, besonders in der Axe des Auges, während sie nach den Seiten zu kürzer werden und mit ihren Enden sich umbiegen, um möglichst rechtwinklig auf den Glaskörper zu stossen. Zwischen den Enden der Stäbchen und der Linse findet sich ein mächtiger, ganz klarer Glaskörper.

So weit *Keferstein*, er giebt auch eine Abbildung, die jedoch nicht ganz befriedigt.

Gegenbaur giebt noch nach *Huxley's* Vorgang an, dass kleinere Muskelfasern von allen Seiten ans Auge treten, und erwähnt dann noch des platten Bandes, das von innen her ans Auge tritt; auch er bezeichnet es als Muskel.

Die *Huxley*'schen Muskeln finde ich auch, jedoch jenes platte Band ist, wie ich nicht zweifeln kann, ein Nerv. Die passiven Bewegungen und das in frischen Präparaten gewiss homogenere Aussehen werden bei rascher Untersuchung hier die Täuschung veranlasst haben. Das Verhalten ist folgendes : Wie man an (Taf. XX.) Fig. 85, welche einem aus einer einzölligen Firoloides glücklich herausgenommenen Präparat entspricht, sehen kann, gehen vom obern Schlundganglion je sechs Nerven nach vorn, zuerst ein feinerer, dann der bekannte starke Mundnerv, darauf folgt ein starker Ast, welcher zu den Augenmuskeln und zu dem fraglichen Nerven geht, dann folgen zwei feine Augennerven (*h* u. *i*), deren Ende ich nicht erkannte, und endlich der Opticus. Der fragliche Nerv, den wir als den Nervenplexus bezeichnen wollen, bildet sowohl bei Pterotrachea, als auch bei Firoloides ein breites Band. Er sendet sonderbarerweise viele Aeste quer zu dem andern Auge hinüber. Diese Aeste werden in der Mitte ziemlich homogen, ich kann sie aber doch nicht für etwas anderes als Nerven halten, einmal wegen ihrer Continuität, und zweitens, weil sie sich eben so leicht isoliren lassen wie die andern Nerven, und insofern ein und derselben Matrix anzugehören scheinen, doch ich habe diese Fasern nicht genauer verfolgt. Der Plexus selbst nimmt nur einen Theil des Muskelnerven auf, ein kleinerer Theil läuft weiter (Taf. XX. Fig. 86 *b*) und verstärkt sich durch neue Fasern aus dem Plexus; wohin er geht weiss ich nicht. Die ganze Masse der Nerven geht nun an den Rand zwischen Cornea und Pigmenthaut, es war mir unmöglich, bei meinen sparsamen Präparaten ihn hier weiter zu verfolgen. Es ist daher wenig mit diesen Befunden gethan, hoffentlich kommt der nächste Untersucher weiter.

Das Auge der Pterotracheen wird von Linse und Glaskörper erfüll (Taf. XXI. Fig. 88 *A*). Die Linse war an meinen Präparaten structurlos, aber concentrisch geschichtet. Sie war sphärisch, aber nie genau eine Kugel. Dem Anschein nach findet sich um die Linse und zwischen Linse und Glaskörper gar keine trennende Hülle ; bei eingehender Zerlegung findet man jedoch eine sehr zarte körnige Haut vor, welche die Linse aufs engste rings umschliesst (Taf. XXI. Fig. 88 *B*, *b*). Es schienen mir auf dieser Haut Zellencontouren zu liegen, aber ich gewann über Ab- oder Anwesenheit von Zellen keine Gewissheit. Der Glaskörper ist gleichfalls völlig structurlos, nirgends konnte ich an oder in ihm Zellen wahrnehmen, seine Consistenz ist auffallend gross.

An dem untern Ende des Glaskörpers findet sich eine schmale Membran (Taf. XXI. Fig. 88 *A*, *c*), die von Niemand erwähnt wird. Diese Membran bedeckt die Stäbchen, ist demnach schmal und lang gestreckt, an den Kanten endet sie zugeschärft, an den Enden abgestumpft. Sie entspricht wohl der Membrana homogenea der Cephalopoden, und gehört daher eigentlich nicht zum Glaskörper, sondern zu den Stäbchen. Ihre Breite entspricht an den Präparaten aus Liquor nicht ganz der Stäbchenschicht, sie ist fast ¼ zu schmal, da ich jedoch an Durchschnitten von Firoloidesaugen die Membran fest auf den Stäbchen liegend fand (was bei Präparaten mit Liquor nie glückte), und da sie hier ziemlich resistent schien, während sie bei den Pterotracheen sehr zerreisslich war, nehme ich an, dass sie unter Einwirkung des Liquor ihre Form verändert habe. In der Mitte ist diese Membran sehr dünn, so dass sie sich hier leicht spaltet, nach aussen zeigt sie eine etwas concentrische, an bestimmten Stellen eingebuchtete Schichtung (Taf. XXI. Fig. 88 C, d). Auf ihrer Fläche sieht man noch einige Fädchen und Figuren, die jedoch wenigstens zum Theil zerstörten Theilen der Stäbchenschicht angehören. Bei Firoloides schien mir von ihren Kanten noch eine sehr dünne Haut weiter um den Glaskörper zu verlaufen.

Das ganze Auge ist eng umschlossen von einer homogenen, hin und wieder kernhaltigen Haut (Sclerotica der Autoren). Ein Unterschied in der Beschaffenheit der Haut, vorn und an den Seitentheilen, wie er von *Gegenbaur*, *Keferstein* und, wie es scheint, auch *Leuckart* constatirt ward, ist mir nicht bemerklich geworden, doch kann ich ihn durchaus nicht bestreiten. An den Uebergangsstellen der verschiedenen Epithelformen schienen mir besonders dünne und leicht zerreissliche Stellen vorzukommen.

Diese Augenhülle wird überall von einer Zellenlage ausgekleidet, welche den verschiedenen Abtheilungen ihren Charakter giebt. Es sind aber an diesen merkwürdigen Augen der Abtheilungen so viele und zugleich scheinen dieselben bei den verschiedenen Species so variabel, dass eine Benennung derselben wünschenswerth erscheint.

Demgemäss haben wir am Auge von Pt. Friederici (Taf. XX. Fig. 87) einen vordern durchsichtigen Theil, dem den Namen Cornea zu rauben vergebliches Bemühen wäre, zu unterscheiden. Auf diese folgt eine unregelmässig geformte breite lockere Schicht (b), der nach Analogie mit den Cephalopoden, wo die Pigmenthaut nur die Reflexion der zu seitlich fallenden, oder von der Retina zurückgeworfenen Strahlen zu hindern hat, der Name Pigmenthaut (Stratum pigmenti) wohl zukommt. Dann folgt eine helle unsymmetrisch gestaltete Zone, die mehrfach benutzt ward, um in das Innere des Auges hineinzusehen, und der daher auch der Name Fenestra zukommt. Diese Zone wird durchsetzt von einem dunklen Streifen, Stria opaca. Unter der Fenestra folgt der abgeplattete Theil des Auges, den *Keferstein* passend als Kahn bezeichnet. Seine Wände werden von zwei dunklen Pigmentstreifen umgrenzt, die demgemäss als Costa superior und inferior zu unterscheiden sind. Den Boden des Kahns bildet die Retina. Unter derselben verläuft die Fortsetzung des Nervus opticus. Dieselbe führt Ganglienzellen und gehört mehr zur Retina wie zum Nerven, so dass wir sie ihrer Form an Querschnitten (Taf. XXI. Fig. 90) halber wohl als Carina bezeichnen können. Ich will übrigens bemerken, dass der Durchschnitt (Taf. XX. Fig. 87) nicht so

gut gelang, wie ich es dargestellt habe, so dass mit frischen Präparaten
an der Hand hier vielleicht noch manches zu ändern ist. Ueber das Epithel der Cornea liegen schon mehrere, wenn auch nicht ganz congruente
Angaben vor. Ich finde, dass es aus einer einfachen, überall gleich dicken
Schicht platter, polygonaler Zellen besteht. Bei Firoloides liegt bekanntlich[1]) vor der Linse noch ein durchsichtiges Medium. Dasselbe war an
meinem Präparat vom Glaskörper ganz verschieden, war körnig geronnen
und bröcklig, es schien mir, als wenn in demselben Zellen lägen, aber
weiterer Untersuchung fehlte das Material.

Die Cornea ist durch einen scharfen Strich von dunkel pigmentirten
Zellen von der Pigmentzone getrennt. In diesem Striche scheinen zunächst
die Nerven des Plexus zu verlaufen. Das Pigmentstratum reicht an der
medialen Seite des Auges bis zu den Costae herab, an den übrigen Stellen ist seine Grenze geschweift, wie es aus der (Taf. XX.) Fig. 87 am
besten zu ersehen ist. Die Pigmentirung der auch hier flachen Zellen ist
ziemlich unregelmässig auf Zellengruppen vertheilt, in den einzelnen Zellen
lag das Pigment den Wandungen an. Die Pigmenthaut ist von der Fenestra
durch einen sehr durchsichtigen Strich getrennt, auf dem die Zellen äusserst niedrig werden (Taf. XXI. Fig. 89), und der an meinen Präparaten
sehr leicht zerriss.

Die Epithelzellen des Fensters sind cylindrisch, farblos und mit nur
undeutlichem Kern versehen. Auffallend ist das Verhalten der Zellen in
der Stria opaca, sie werden hier nämlich plötzlich wieder niedrig, aber
obgleich diese Einbuchtung an die Stria gebunden zu sein scheint, sich
wenigstens nicht an dem medialen Theile der linken Seite vorfindet, ist
die Pigmentirung doch gleichmässig auf die cylindrischen und die flachen
Zellen vertheilt. Die Bedeutung der ganzen Bildung ist mir völlig räth-
selhaft. Die zackige Beschaffenheit der Augenwand ist übrigens schon
von *Keferstein* angedeutet.

Die Costae bestehen gleichfalls aus cylindrischen Zellen, deren Kerne
jedoch sehr hervortreten. Die der Retina näher liegende Planke ist weniger,
jedoch immerhin noch intensiv pigmentirt. Nach meinen Durchschnitten
(Taf. XXI. Fig. 90) muss ich schliessen, dass dies Verhalten auf beiden
Seiten des Auges nicht gleichmässig ist, ich werde dies Verhältniss wohl
in (Taf. XXI.) Fig. 87, meiner ersten Zeichnung dieses Gegenstandes, übersehen haben.

An der Retina glaube ich, abgesehen von der Carina, fünf Schichten
unterscheiden zu müssen. Von der Hüllhaut an gerechnet nämlich : 1) eine
Lage rundlicher Zellen mit Ausläufern, Sternzellenschicht (Taf. XXI.
Fig. 91 *b*, *c*), 2) eine Faserschicht (*d*), 3) Schicht der Cylinderzellen (*e*),
4) Stäbchenzellen (*f*), 5) die Stäbchenschicht.

Die Stäbchen sind schon von *Gegenbaur* (a. a. O. Taf. VII. Fig. 5)
und von *Leuckart* gesehen worden. Dieselben sind homogen, rundlich,

1) *Krohn*, a. a. O.

langgestreckt, wie sie meine Figuren zeigen: doch waren an den Präparaten in der Regel die meisten zerstört, namentlich an den äussern Enden, so dass namentlich die (Taf. XXI.) Fig. 90 hierin (aus Bequemlichkeitsrücksichten) nicht wirklichen Präparaten entspricht. Neben den überall gleichdicken Stäbchen fanden sich auch solche mit einer untern spindelförmigen Anschwellung, die fadenförmig auslief (Taf. XXI. Fig. 92 B, b). Ich halte es jedoch für möglich, dass dies nur künstlich erzeugte Formen waren. Fäden in den Stäbchen habe ich nicht gesehen.

Die Stäbchen werden getragen von den Stäbchenzellen, einer Schicht, die ich allerdings nur sehr undeutlich mir demonstriren konnte. Es schien nämlich hin und wieder, als wenn diese Schicht sich scharf von der folgenden abgrenze (Taf. XXI. Fig. 91 f), während wieder in andern Präparaten nichts davon zu bemerken war; auch konnte hier nie eine Zelle isolirt werden. Es hat jedoch diese Schicht stets ihre eigenen Kerne. Die Zellen erscheinen fein längsgestrichelt, sind an ihren Enden pigmentirt, und auch ihr Kern hat um oder in sich Pigment. Jedoch ist an den Kernen zuweilen das Pigment so schwach, dass man sie mit kleinen Vergrösserungen ganz übersieht. Ich glaube, dass Gegenbaur's Fig. 4 Taf. VII. sich auf diese Zellen bezieht, dann würden sie allerdings weiter herabreichen, wie ich es annehme. Gewöhnlich trennen sich die Stäbchen von diesen Zellen platt ab, zuweilen jedoch bleibt ein haarförmiger Fortsatz auf der Zelle sitzen (Taf. XXI. Fig. 91 g).

Die folgende Schicht besteht aus cylindrischen Zellen, die an die Faserschicht anstossen und hier grosse glänzende, ausnahmsweise pigmentirte, Kerne enthalten. Die Zellen sehen so gestrichelt aus, als wenn sie aus lauter parallel nach den Stäbchen zu laufenden Nervenfibrillen beständen. Ich glaubte einmal, dass die Kerne besondern Zellen mit schmalen Verlängerungen angehörten, und habe in der That eine definitive Ueberzeugung noch nicht gewinnen können. Die Präparate aus Liquor lassen sich zu schwierig behandeln, freilich habe ich keinerlei Mittel zur Aufhellung angewandt, was zu versuchen gewesen wäre.

Auf diese Schicht folgt eine Lage von Nerven, die Faserschicht (Taf. XXI. Fig. 91 d, 92 A, c), welche der Fläche parallel laufen und, wie nachzuweisen war, von der Carina her stammen. Zuweilen schien diese Schicht noch etwas weiter als die Retina zu gehen, und sich unter die Costae zu erstrecken. Durch diese Nerven gehen andere Fasern radiär hindurch, die, sei es von den vorigen Zellen selbst, sei es zwischen diesen herauskommend, die folgende Zellenschicht grösstentheils durchsetzen und an die Hüllhaut des Auges gehen, wo sie sich umbiegen und dem Blicke entschwinden. Ich halte auch diese Fasern für Nerven, namentlich weil sie so zahlreich sind und den Nerven an Ansehen gleichen, auch waren sie einmal eine kleine Strecke an der Hüllhaut selbst weiter zu verfolgen, ohne dass sie in Continuität mit ihr traten, was überhaupt nirgends beobachtet ward.

Die letzte Schicht besteht aus kleinen rundlichen Zellen, deren ziemlich dicke, in die vorige Schicht hineingehende Ausläufer deutlich zu erkennen waren (Taf. XXI. Fig. 92 *A*, *b*). Zwischen diesen Zellen liegt noch körnige Masse, die ich für Querschnitte von Nerven halte. Der Stiel zeigt auf Querschnitten eigenthümliche helle Lücken, in denen Zellen liegen.

Ueber den Zusammenhang der Elemente ist leider nur zu erwähen, dass man zwischen der Schicht cylindrischer Zellen Fasern, allem Anschein nach Nerven, darstellen kann (Taf. XXI. Fig. 92 *A*, *g*). Die Ränder der Retina zeigen eine auffallende Ungleichheit. Auf der einen Seite nämlich, wo die Stria über die ganze Fläche geht, greift die untere Planke stets schräg auf die Retina hinauf, auf der andern Seite findet sich ein scharfer, etwas überhängender Absatz (Taf. XXI. Fig. 90 *a*). Dieser tritt jedoch näher zum Schnabel immer schwächer hervor, wobei sich anfänglich der vorspringende Wulst in eine scharfe Kante verwandelt.

Da keine Längsschnitte zu gewinnen waren, kann über das Verhalten am Schnabel kein Aufschluss gegeben werden.

Gasteropoden.

Es ward nun ferner das Auge von He lix untersucht. Wir besitzen über diesen Gegenstand eine erst kürzlich erschienene Arbeit von *Keferstein*[1]), da jedoch derselbe, seinen Vorgängern folgend, von Sclerotica und Choreoidea spricht, und die letztere sogar mitten in die Retina hinein verlegt, war es mir nicht möglich, mich genügend an der ursprünglich ohne Abbildung erscheinenden Arbeit zu orientiren, so dass ich mich entschloss auch dies Auge zu untersuchen. Da ich einiges Neue bringen kann und in Einzelnem nicht mit *Keferstein* übereinstimme, glaube ich auch dies Auge in Kürze besprechen zu müssen. Hinsichtlich der Geschichte kann ich jedoch auf *Keferstein*'s gründliche Darlegung verweisen.

Das Centrum des Auges bildet die Linse, die frisch schon recht hart ist und, mit starken Linsen in Serum untersucht, im Innern eine rissige Trübung zeigte. Nach der Ür-erhärtung unterscheidet man an ihr (Taf. XVIII. Fig. 70) eine homogene Rindenschicht, und ein durch scheinbare Tropfen oder Vacuolenbildung getrübtes Innere. Ob dieses Ansehen durch die Behandlung erst erzeugt ist, oder nur dadurch erst sichtbar ward, will ich nicht entscheiden. *Keferstein* spricht es als eine künstlich erzeugte Bildung an. Ich bemerke jedoch, dass die Bildungen ganz regelmässig in der gezeichneten Form sich zeigen, und dass die tropfenförmige Linse von Aeolidia zwar einen Unterschied zwischen Rinde und Innerem erkennen lässt, aber weder frisch noch in Ür erhärtet ähnliche Figuren darbietet.

---

1) Göttinger Nachrichten 1864 Juli, und Klassen und Ordnungen d. Thierreichs, III. p. 1202. (1864.) Nur letzteres stand mir jetzt zu Gebote.

Die Linse erscheint an den Augen von Helix[1]) als ein nicht ganz regelmässiges Ellipsoid, dessen lange Axe zugleich die Sehaxe ist. Doch dürfte dies Verhalten nach *Keferstein*'s Angaben bei den verschiedenen Schnecken verschieden sein.

Eine äussere Augenhülle tritt nur wenig deutlich hervor, ich konnte das Auge weder bei Helix noch bei Aeolidia scharf von seiner Umgebung isoliren; namentlich nach der freien Oberfläche zu ging die Hülle des Bulbus continuirlich in das Gewebe der Haut über (Taf. XXI. Fig. 93 *B, d*), weiter nach hinten war der Nerv in das Hüllgewebe verflochten, so dass ich mir diese Haut, die ich mit *Keferstein* annehme, nie ganz isolirt darstellen konnte. Einige mehr längliche, peripherisch gelegene Kerne beziehe ich auf dies Hüllgewebe (Taf. XXI. Fig. 93 *A, e*).

Auf diese Haut folgt das Nervenstratum, das an Imbibitionspräparaten von graulichem Aussehen aus unregelmässig verlaufenden Fibrillen besteht. Diese treten am besten hervor, wenn das folgende Stratum wie in (Taf. XXI.) Fig. 93 *A* etwas bei Seite geschoben ist.

Nach innen von den Nerven folgt eine Kern– oder vielleicht Zellenschicht, die von *Keferstein* als äussere Retina bezeichnet wird. Hin und wieder sieht man deutlich, dass m i n d e s t e n s e i n Nerv an solche Körner herangeht.

Dann endlich folgt die Stäbchenschicht, die sehr intensiv pigmentirt ist. *Keferstein* beschreibt die Stäbchen so, wie ich sie bis jetzt auch nur gesehen habe, nämlich als in den äussern Theilen mit Pigment versehene, innen helle, mit breiter Fläche an der Linse endende, frisch sehr weiche Gebilde.

Das ä u s s e r e Ende ward mir nicht genügend deutlich, es ist, wie ich glaube, zugespitzt, jedenfalls scheint keine scharfe Grenzlinie zwischen Stäbchen – und Körnerschicht zu existiren. Bei Aeolidia sind die Stäbchen kleiner, ich meine sie hier ziemlich isolirt zu haben (Taf. XXI. Fig. 93 *C*). Das Pigment liegt ausserordentlich locker, so dass die Körner sich scheinbar von selbst abtrennen und fortschwimmen. Diese Pigmentlage als Choreoidea zu bezeichnen scheint mir nicht richtig zu sein, weil das Pigment ja einen Theil des Stäbchens selbst ausmacht, und die Aderhaut der Wirbelthiere weder nach Function, noch nach ihrem Bau, noch nach ihrer Entwicklung sich mit diesem Pigment vergleichen lässt. Jedoch würde es auch für die Choreoidea der Wirbelthiere wohl richtig sein, das Pigmentepithel ganz scharf von der Aderhaut selbst zu sondern. Dann auch wäre eine Analogie noch anticipirt, jedoch soweit ich es übersehen kann in glücklicher Weise.

Die Stäbchen enden vorn an der Linse sehr scharf (Taf. XVIII. Fig. 70, Taf. XXI. Fig. 93), dennoch berührt die Linse nicht die äussere, hier vielleicht durchsichtigere Haut, sondern ist von derselben noch durch

---

1) H. pomatia habe ich nicht untersucht, nur H. nemoralis und hortensis.

ein besonderes Stratum getrennt (Taf. XXI. Fig. 93 *B*, *f*). Dieses scheint mir in gewisser Weise ähnlich gebaut, wie das Epithel des Corpus epitheliale lentis. Es sitzen nämlich an der äussern Peripherie Kerne oder Zellen an, welche sich nach der Linse zu fadenartig verlängern, und hier an eine, letztere überziehende Membran (Taf. XXI. Fig. 93 *B*, *e*) gehen, oder diese Membran bilden. Leider habe ich mir über den weitern Verlauf dieser Membran keinen Aufschluss verschaffen können. Sollte der Raum vor der Linse der Opisthobranchiaten ähnliche Verhältnisse zeigen?

Wir treffen hier zum erstenmal auf Augen, welche nur die Linse, nicht den Glaskörper besitzen, es ist fraglich, wie dieser Mangel sich entwickelt hat. Zeitweilig war ich der Ansicht, dass die Rinde der Linse etwa der Membrana homogenea der oben beschriebenen Thiere entspräche, die hier rings geschlossen sei, und in ihrem Innern sich dann später mit fester Masse gefüllt habe. In der That wird diese Ansicht von den Berichten über die Entwicklung dieser Augen unterstützt, denen zufolge die Augen ursprünglich eine hohle, mit Flüssigkeit gefüllte Blase im Innern enthalten sollen. In diesem Falle müsste man dann wohl sagen, das Auge habe keine Linse mehr, nur noch einen Glaskörper! freilich, wie soll man den Begriff der Linse definiren? Wenn man übersieht, wie der Name angewandt worden ist, würde sich die Definition etwa so fassen lassen. Linse ist der am stärksten das Licht brechende Körper vor der Retina. Diese Definition, wenn auch, für alle Substanzen in Wasser gedacht, zutreffend, hat wenig Befriedigendes. Im Allgemeinen nun, und von den Arthropoden einmal abgesehen, findet sich eine genauere Beziehung der Linse zu Epithelialstraten. Bei Wirbelthieren gehen die ganzen Epithelien in Linsensubstanz auf, bei den Cephalopoden ist das Verhältniss nicht ganz unähnlich. Bei den Heteropoden ward ich zu dem Glauben gebracht, die Linse müsse sich als Verdichtung des Glaskörpers bilden; als ich dann diese Möglichkeit näher prüfte, fand sich, dass dies nach Form- und Wachsthumsverhältnissen nicht wohl möglich sei. Erst als ich jetzt von neuem nach einer Membran zu suchen genöthigt war, gelang es mir, eine solche zwischen Glaskörper und Linse, und dann, wie die Figur zeigt, zwischen Cornea und Linse zu finden.

So unvollkommen dieser Befund auch geblieben ist, lässt sich doch daraus schliessen, dass hier wiederum eine nähere Beziehung zwischen Epithelien und Linse besteht. Nun scheint mir im Auge von Helix die Schicht vor der Linse auch auf eine solche Beziehung hinzudeuten, so dass ich unter den beiden recht schwachen Entscheidungsgründen, ob Epithelialgebilde, ob erhärtetes Transsudat (Glaskörper der Cephalopoden), doch dem erstern den Vorzug gebe. Die Definition der Linse, als einer mit Hülfe von Epithelialstraten gebildeten lichtbrechenden Masse, ist, wie klar zu Tage liegt, eine, wenn auch nicht willkürliche, so doch sehr unsichere. Jedoch dient sie vielleicht dazu, dass künftige Untersuchungen den Gegenstand ins Auge fassen. Die Stäbchen der Schnecke habe ich so geschildert, wie sie dem unbefangenen Beobachter ins Auge fallen. In der That habe ich bei der Untersuchung gar nicht daran gedacht, dass hier eine Form der Retina vorliegt, wie sie für die niedersten Thiere gleichsam typisch ist; dass es grosses Interesse hatte näher zu prüfen, wie es kommt, dass hier das Pigment scheinbar um die Stäbchen liegt. Ich verhielt mich also diesen Augen gegenüber wie der Laie zu den ersten mikroskopischen Präparaten. Ich zweifle kaum, dass, wenn mein Auge erst spurkundig geworden wäre, auch hier sich ein mit den frühern wesentlich übereinstimmender Befund ergeben hätte. Jetzt muss ich ein scharfes Hervorheben dieser Abweichung gelten lassen.

Dass übrigens sehr abweichende Verhältnisse hier vorkommen, kann ich überhaupt nicht läugnen, wenn auch nach allgemeinen Erfahrungen geschlossen werden kann, dass die Grundprincipien dieser Organe dieselben sein werden. Ich habe gestrebt aus den vorhandenen Arbeiten über das Arthropodenauge mir Vergleichspuncte zu gewinnen. Es sind diese Augen jedoch offenbar sehr schwer zu erforschen, wahrscheinlich erfordern sie weit mehr Vorkenntnisse über die Entwicklung des Nervensystems und des Chitins, wie die sind, über welche wir verfügen. Dass die Krystallkegel den Stäbchen entsprechen, scheint mir zwar klar, und man sieht sogar auf *Leydig*'s Abbildungen [1]) einen Faden ins Innere treten, über den ich freilich nirgends eine Notiz gefunden habe. Wie aber die Verhältnisse sich weiter gestalten, ob die Kegel eine Zellenausscheidung sind, wie *Claparède* will, oder nach *Leydig* kernhaltige Zellen, darüber schon konnte ich mir keine Entscheidung gestatten.

Endlich erübrigt noch über die Untersuchung frisch in $KaO,_2 CrO_3$ gelegter Augen von Pecten Jacobaeus und Arca zu berichten, zu der ich auch wieder aus der Arbeit meines Freundes *Keferstein* [2]) die erste Anregung ischöpfte. Die Augen, welche sich am Mantelrande dieser Muscheln befinden, wurden, wie ich aus den historischen Darlegungen ersehe, zuerst von *Poli* entdeckt, dann von *Garner* näher beschrieben. Sie sind gestielt, und der Stiel wie die Augen selbst sind von einem Pigmentepithel überzogen (Taf. XXI. Fig. 95 c). Dieses Epithel finde ich nur von *Will* [3]) erwähnt, freilich warnt er dabei vor der Annahme, dass braunes Pigment ausserhalb der Sclerotica liege. In der Nähe des vordern Augenpols wird dies Epithel niedriger und verliert sein Pigment. Auf der vordern Fläche selbst habe ich kein Epithel gefunden, aber da die Zellen zuletzt ganz niedrig werden, könnten sie mir dann entgangen sein, wenn sie entweder nur eine verschwindend dünne Schicht bilden sollten, oder

1) Tafeln zur vergleichenden Anatomie, Taf. IX. Fig. 3, Taf. X. Fig. 2.
2) Diese Zeitschrift Bd. XII. Heft 1. Ueber den Bau der Augen von *Pecten*.
3) *Froriep*'s Neue Notizen Bd. XXIX. 1844. Ueber die Augen der Bivalven.

auch falls sie stets sich abgestossen hätten. Durch dies Pigment wird das Auge so geschützt, dass nur von einer Richtung her das Licht einfallen kann, und in diesem Sinne könnte man daher sagen, es werde dadurch eine Pupille gebildet. Diese Epithelzellen (Taf. XXI. Fig. 98 g) haben übrigens ein etwas auffallendes Aussehen, insofern sie nur in $^2/_3$ ihrer Länge mit Pigment erfüllt sind, das äussere Drittel ist hell und glänzend und scheint, nach einzelnen Präparaten zu urtheilen, Flimmerhaare zu tragen. An solchen Härchen sah ich die von Stuart[1]) beschriebenen rechteckigen Muskelelemente auffallend klar, jedoch ist darauf bei meinen erhärteten Präparaten kaum Gewicht zu legen.

Diese Epithelzellen isoliren sich nicht selten mit einem anhängenden Faden (Taf. XXI. Fig. 98), und an feinen Querschnitten glaubte ich stets einen Faden von ihnen ab ins Gewebe gehen zu sehen. Hautnerven, mit denen diese Fäden in Verbindung stehen könnten, habe ich bei oberflächlichem Nachsuchen nicht bemerkt. Die Zellen machen im Allgemeinen den Eindruck, als wenn sie zu den lichtempfindenden Organen zu zählen seien, jedoch ist darauf ja nichts zu geben.

. Das Gewebe des Stieles besteht, wie Krohn[2]) schon richtig schildert, aus homogener Substanz, in welche Muskelfasern eingestreut sind. Das Auge selbst, welches in (Taf. XXI.) Fig. 95 etwas schematisirt ist, weil ich kein in allen Theilen genügendes Präparat hatte, wird von den Autoren als verlängert geschildert, in meinen Präparaten war es rund. Dieser Formunterschied dürfte vielleicht auf eine Quellung der Linse durch ungenügende Wirkung der Cr zu beziehen sein.

Das Auge bekommt zwei Nervenstämme. Krohn hat dieselben zuerst beschrieben und sehr gut beobachtet (Taf. XXI. Fig. 94 A). Er giebt an, dass der eine etwas dünnere auf den Boden der Kapsel stösst, und hier in einige feinere Reiser zu zerfallen scheint, der andere sich weiter nach vorn erstreckt und ins Auge geht, wo er bis zur Mitte eines hier liegenden Septums verfolgt ward. Ich finde, dass der kleinere Nerv hinten stets etwas seitlich an die Bulbuswand stösst. Keferstein hat ein Durchbohren des Nerven an dieser Stelle nie beobachten können, und in der That geschieht das hier auch nicht. Freilich ist der Anschein oft täuschend, so dass ich erst an dieser Stelle Querschnitte durch Nerv und Augenhaut legen musste, um mich zu überzeugen, dass keine einzige Faser hier durchtritt. Dagegen spaltet sich der Nerv an dieser Stelle in zahlreichere kleine Bündel, die den Augengrund becherförmig umfassen, und dann seitlich in kleinen Parthieen rings ins Auge einstrahlen (Taf. XXI. Fig. 95 i), der grössere Nerv durchsetzt nur an einer Stelle die Augenwand, wie die Zeichnung es ergiebt.

Das Auge wird zunächst ausgekleidet von einem sehr schmalen ver-

---

1) Diese Zeitschr. Bd. XV. p. 99. Ueber die Entwicklung einiger Opisthobranchier.
2) Archiv für Anatomie und Physiologie. 1840, Ueber augenähnliche Organe.

dichteten Saum der bindegewebigen Grundsubstanz der am vordern
Augenpol sich fast mit der Basementmembrane vereint. Innen wird es
von einer feinen, aber festen Membran, dem Septum *Krohn*'s, quer durchsetzt und so in eine vordere und hintere Abtheilung zerlegt. Dies Septum
ist nach vorn concav, und insofern entspricht meine Zeichnung dem Sach-
verhalt n i c h t, aber wenn der Nerv auf solchen Durchschnitten vollständig erhalten ist, scheint er eine gewisse Spannung zu besitzen, und dadurch die Membran etwas nach vorn zu ziehen. Das Septum geht seitlich, sich immer mehr verdünnend, an die Wand, und lässt sich hier bis
zum Eintritt des hintern Nerven verfolgen. Zuweilen ging es noch weiter
nach hinten, aber über sein definitives Schicksal erhielt ich keinen
Aufschluss.

In der vordern Abtheilung liegt nun das von den Autoren als Linse
bezeichnete Gebilde. Wir besitzen über dasselbe drei Abbildungen von
Krohn, *Keferstein* und *delle Chiaje*[1]). Die Darstellung des letztern scheint
mir jedoch ganz ohne Bedeutung zu sein, da dieselbe eher dem Durchschnitt eines verkleinerten Menschenauges gleicht. In *Krohn*'s Abbildung
(Taf. XXI. Fig. 94 *A*) füllt die Linse den vordern Theil des Auges ganz
aus, und wird durch die Rückbuchtung der Quermembran biconvex.
Krohn zeichnet das Auge jedoch, nachdem es in Weingeist gelegen. *Keferstein* hat dagegen in den frischen Augen von Pecten maximus die Linse
beobachtet und findet, dass sie fast kuglig ist und die Seiten der vordern
Abtheilung nicht ausfüllt, sondern dieselben leer lässt (Taf. XXI. Fig. 94 *B*).
Ich habe stets ähnliche Ansichten gehabt wie *Krohn*. Frisch untersucht
war die Linsensubstanz, zum Unterschiede gegen alle sonst sicher be-
obachteten Linsen sehr weich, und es gelang mir in keiner Weise, die
kuglige Form zu erkennen, oder die Linse als solche zu isoliren. Eine
Membran habe ich bei keiner Behandlungsart an ihr darstellen können.
Die erhärtete Substanz zeigte sich aus polygonalen hellen, kernhaltigen
Zellen zusammengesetzt, deren Wände ziemlich dick waren, so dass
durch sie die Substanz das Aussehen eines Maschenwerkes gewann.
Wirkliche Fasern oder Muskeln habe ich in der vordern Abtheilung nicht
finden können. Ich würde geneigt sein, das Vorkommen einer kugligen
Linse zu bestreiten, wenn nicht *Keferstein*'s Zeichnungen und Beschreibungen so bestimmt wären, dass ein Zweifel durchaus ungerechtfertigt
ist; ich vermuthe daher, dass die Linsensubstanz durch die Ür so quillt,
dass sie nachher den ganzen vordern Raum einnimmt. Dass bereits ein
leiser Druck genügt, um dies zu bewirken, hat *Keferstein* selbst schon
angegeben[2]). Wir hätten hier also eine Linse, die ganz aus unveränder-

---

1) a. a. O.
2) Es wäre mir sehr lieb gewesen, wenn ich noch einmal frische Augen hätte
prüfen können, aber bei erneuter und, wie ich meine, sorgsamer Prüfung der Auster,
und bei frühern Prüfungen von Mya und Cardium habe ich trotz *Will*'s Angaben
keine Augen finden können. *Pecten* kommt hier nicht vor. Beiläufig sei deshalb

ter Zellenanhäufung besteht, Zellen, deren Abstammung aber noch nicht
ersehen werden konnte.

Auf jeden Fall wird man diesen Theil des Auges als einen der dioptrischen Apparate ansehen müssen, die lichtpercipirende Schicht wird in
der hintern Abtheilung zu suchen sein. Darauf deutet denn auch namentlich ihr Bau. Freilich treffen wir hier auf eine auffallend von dem
bisherigen Typus der Wirbellosen abweichende Einrichtung. Die Stäbchenschicht liegt hier nämlich wiederum wie bei den Wirbelthieren am
weitesten nach aussen. Wie das sich macht, kann ich leider nicht sagen.
Diese Augen sind gewiss sehr hoch entwickelt, aber es wird doch auch
in ihnen die grössere Unvollkommenheit der Art documentirt sein. Es
ist mir, so sehr ich suchte, ganz unmöglich gewesen eine irgendwie halt-
bare Conjectur über die Entstehung des Auges zu geben. Um die Pigmentschichten finden sich zwar Membranen, aber ich konnte sie nicht
genau verfolgen, und mochte sie verlaufend denken wie ich wollte, ein
Verständniss, d. h. eine Einstülpung des Epithels, kam doch nicht heraus. Es ist ja leicht genug anzunehmen, die Zellenschichten bildeten sich
in loco aus dem Parenchym, aber wer wollte das ohne die stringentesten
Beweise glauben! Durch die Lagerung der Stäbchen wird übrigens der
Vortheil gewonnen, dass die Strahlen etwas mehr Raum für ihre Convergenz gewinnen, wahrscheinlich werden wohl die Retinaschichten in ihrem
Brechungscoëfficienten genügend von der Linse differiren, um für die Convergenz der Strahlen thätig zu sein, hierin also einen wirklichen Glaskörper ersetzen. Da wir ein ähnliches Verhalten sonst nicht finden, dürfte
darin schon eine Vereinfachung, vielleicht ein Nachtheil dieser Bauart
liegen.

Die hintere Augenabtheilung enthält nun fünf Schichten, von vorn
her gerechnet eine erste, eine zweite Zellenschicht, 3) die Stäbchen,
4) das Tapetum, 5) das Pigmentstratum.

Die erste Schicht (Taf. XXI. Fig. 95 h, 96) besteht aus einer ein-
oder zweifachen Lage meist spindelförmiger Zellen, die nicht ganz bis zur
Peripherie des Auges reicht. Diese Zellen hängen theils mit abgeflachten, meistens aber mit zugespitzten Enden an dem Septum, mit ihrem
andern Ende sind sie der Stäbchenschicht zugewandt. Sie besitzen einen
länglichen Kern und wenig scharfe Contouren, scheinen überhaupt ziemlich vergänglich zu sein, wenigstens sahen sie stets etwas gequollen und
zum Theil verletzt aus, während die folgende Schicht in demselben Auge
sehr scharf und wohlerhalten zu sein pflegte.

erwähnt, dass *Claparède's* Angabe (Beobachtungen zur Anatomie und Entwicklungs-
gesch. wirbelloser Thiere p. 109), Cyphonautes sei die Larve von Pecten, eine irrige
sein muss. Verschiedene Species der Larve kommen hier das ganze Jahr durch vor,
so zahlreich, dass sie zuweilen den Hauptauftrieb machen. Die Bucht ist jetzt so genau durchsucht, wie vielleicht keine andere, aber weder Pecten, noch sonst ein Mo-
nomyarier ward gefunden.

Die zweite Schicht besteht aus cylindrischen, auf der einen Seite abgeplatteten, auf der andern zugespitzten Zellen (Taf. XXI. Fig. 97). Die abgeplattete Seite ist dem Augengrunde zugekehrt. Da alle Zellen in gleicher Höhe enden, entsteht dadurch eine scharfe Grenzlinie, die man leicht für eine Membran halten könnte. Eine solche findet sich jedoch nicht, sondern es sind nur die oft etwas verbreiterten Zellenenden (Taf. XXI. Fig. 98 d), welche diesen Effect bedingen. Die zugespitzten Enden der Zellen divergiren von der Mitte nach der Peripherie, so dass keine Zelle dem Nachbar gleicht; man übersieht dies Verhältniss am besten an (Taf. XX.) Fig. 85. Diese Schicht bildet seitlich noch eigenthümliche Wülste (Taf. XXI. Fig. 95 k), welche die Stäbchen rings umschliessen. Leider ward ich über ihr Verhalten nicht klar; es scheint mir, als wenn die Zellen ganz niedrig würden, und nach wie vor ein plattes und ein fadenförmiges Ende besässen, aber die Zellen sind in der Figur deutlicher gezeichnet, als dem objectiven Befunde entspricht. Die einzige Deutung, die ich dieser Bildung bis jetzt zu geben vermag, ist die, dass sie bei dem Wachsthum des Auges mit zur eigentlichen Schicht herbeigezogen werden könnten, also Ersatzmaterial wären.

Die folgende Schicht wird durch die Stäbchen gebildet (Taf. XXI. Fig. 95 n, 97 d). Dass dies wirklich die lichtpercipirende Schicht sei, kann ich nicht wohl bezweifeln. Es ist nämlich ihr Aussehen dem der Stäbchen anderer Thiere sehr ähnlich ; sie bestehen aus einer gleichförmigen, ziemlich homogenen Masse, enthalten keinen Kern und imbibiren sich nicht roth, sondern schwach braungelb, wie es bei allen andern Stäbchen auch gefunden wird. Dann deutet die ganze Anordnung im Auge, die Lage des Pigmentes, der Zellenschichten, der Nerven lebhaft auf ihre Function als lichtpercipirende Apparate hin. Die mittlern Stäbchen verlaufen gerade, die seitlichen vielleicht nur infolge der Erhärtung gekrümmt. Hinter den Wülsten liegt noch eine Substanz, die man wohl als ganz kurze Stäbchen deuten könnte, doch gewann ich darüber kein klares Bild.

Auf die Stäbchenschicht folgt nun das von *Krohn* zuerst erkannte Tapetum. Es hatte in meinen Augen bei auffallendem Licht Silberglanz, und enthielt feine, stäbchenförmige Molecüle. Das ganze schien mir aus polyedrischen, kleinen Zellen zu bestehen, jedoch hatte ich kein Material zur Untersuchung dieses Gegenstandes übrig. *Will* giebt an, die Bestandtheile seien runde grosse Zellen, in denen kleine stabförmige, auf beiden Seiten zugespitzte, mit feinen Querfurchen versehene Körper liegen. Wenn *Will* sich nicht, wie ich freilich glaube, täuschen liess, müssen in seinen Augen diese Körper um ein sehr Bedeutendes grösser gewesen sein. Das Tapetum reicht nicht ganz bis an den Eintritt des hintern Nerven heran.

Die letzte und hinterste Schicht wird von einer einfachen Lage etwas abgeplatteter braunrother Pigmentzellen gebildet (Taf. XXI. Fig. 98 g) ;

sie erstreckt sich bis zum Eintritt des hintern Nerven. Eine Lücke in ihm, die *Keferstein* angiebt, habe ich nicht finden können.

Ueber den Zusammenhang der Elemente ward Folgendes ergründet. Der vordere Nerv behält seine Scheide bis ins vordere Centrum des Septums, hier angelangt breitet er sich auf der Fläche nach allen Seiten mit feinen, varicös werdenden Fäserchen aus, während die Scheide mit dem Septum zu verschmelzen scheint. Die Fäserchen nun durchbohren die Membran und gehen an die Zellen der ersten Zellenlage (Taf. XXI. Fig. 96). Hin und wieder schienen zwar noch Fasern zwischen diesen Zellen hindurch zu ziehen, aber in der Regel fanden sich doch noch Spuren zerstörter Zellen an ihnen, weshalb ich auf solche Fälle kein Gewicht legen möchte. Der Durchtritt der Nerven durch die Quermembran ist deutlich zu sehen, besonders wenn die Zellen, was oft geschieht, etwas von ihr abgezogen sind; dann wird in der Regel der Faden ein Stück aus dem Septum herausgezogen. Aber auch ohne dies sieht man den Durchtritt an guten Schnitten recht deutlich. Dass auch nach der Linse zu Fasern gehen sollten, vermag ich nicht absolut zu negiren, jedoch habe ich danach gesucht und nie etwas gefunden. Muskelfasern erwähnte ich schon, sind im Auge nirgends, so dass dieser ohnehin so dicke Nerv sicher nicht als Nervus ciliaris gedeutet werden darf. Bei der relativen Dicke der Stäbchenschicht ist ein Accommodationsapparat auch unnöthig.

Der hintere Nerv scheint mir nach seinem Eintritt zunächst einen Plexus zu bilden, und dann mit ziemlich starken Fäden an die zweite Zellenschicht zu gehen, doch liegen ihm vorher schon Zellen oder wenigstens Kerne an. Er geht gleichfalls in die Seitenwülste hinein. Der Zellenausläufer geht so continuirlich in den Nerven über, dass man nicht sagen kann, wo der eine anfängt und der andere aufhört. Dabei ist jedoch Etwas auffällig. In der (Taf. XXI.) Fig. 98 sieht man bei *e* wie der schon deutlich gesonderte Nerv noch eine weite Strecke an oder in einer hier freilich etwas macerirten Zelle hinläuft. Dies Verhalten liess sich so oft beobachten, und war ebenso an den eigentlich durch den Alkohol sehr schön erhaltenen Zellen des Nautilus (Taf. XX. Fig. 84 *b*) wahrzunehmen, dass es nicht Zufall sein kann. Es macht den Eindruck, als wenn hier der Nerv nach Art der Muskeln gebildet worden sei. Nun wollte ich nicht gern auf dieses Gebiet hier eingehen, aber das einmal scharf gesehene und auf den Zeichnungen hervortretende lässt sich auch nicht ganz übergehen. Bei Gelegenheit einer Arbeit über die Entwicklung der Nerven im Schwanz der Froschlarve habe ich gezeigt, dass an den Nerven anfänglich nichts von Zellen zu sehen ist, sondern dass solche erst später vom Centrum her sich an ihnen fortschieben. Ein Einklang in diesen Beobachtungen scheint nur möglich, wenn um die Nerven am angeführten Orte noch Cytoplasma in so verschwindend dünner Schicht gelegen wäre, dass es sehr leicht übersehen werden konnte; jedoch, wie gesagt, verdient der erstere nicht weiter verfolgte Befund noch wenig Beachtung.

An den isolirten Zellen der zweiten Zellenschicht bleiben zuweilen die Stäbchen haften, und dann glückte es mehrere Mal in ihnen einen Centralfaden zu beobachten (Taf. XXI. Fig. 98 c), andere Mal war es nicht möglich. Von dem breiten Ende der Zellen geht zuweilen ein Faden aus, der also aus den Stäbchen herausgezogen sein dürfte, andere Mal fehlt er.

Von den Zellen der ersten Zellenschicht gehen gleichfalls Fäden nach abwärts von den mittleren zu den Stäbchen, von den seitlichen in die Seitenwülste. Diese Fäden gehen, wie man (Taf. XXI.) Fig. 97 u. 98 sieht, an den Zellen der zweiten Schicht vorbei und heften sich an ihr breites Ende. Wie das geschieht und was weiter aus ihnen wird, habe ich nicht gesehen, die Vermuthung liegt nahe, dass auch sie, vereint mit den Fäden der zweiten Zellenschicht, in die Stäbchen gehen. Ich kann hier noch weniger wie bei den Cephalopoden in Abrede stellen, dass diese Fäden zwischen die Stäbchen gehen könnten, aber ich halte es aus allgemeinen Gründen für unwahrscheinlich. Ich denke, dass die beiden Zellenschichten ursprünglich eins gewesen sind, dass dann nach Ausscheidung der Stäbchensubstanz eine Längstheilung der Zellen stattfand, und dass jede zweite Zelle aus der Reihe heraus nach vorn rückte, womit einigermaassen der Befund erklärt wäre.

Dies Auge gehört, wie mir scheinen will, zu den merkwürdigsten Objecten, die wir haben. Es ist so wunderbar entfaltet und dabei doch so einfach, dass man an den Schnitten über jede Zelle, jeden Nerv glaubt Rechenschaft geben zu können; aber — wie viel Mühe wird erforderlich, bis man wirklich dem ganzen Bau dieses Cubikmillimeters erfasst hat.

Rückblicke.

Es würde noch ein orientirender Rückblick auf das Ganze hier anzufügen sein. Ueber die allgemeinen Verhältnisse der Augen geben jedoch schon die Hauptfiguren und ihre Erklärungen eine Uebersicht. Die am Corp. epitheliale (ciliare) und am Aequatorialknorpel der Sepien aufgefundenen histologischen Eigenthümlichkeiten haben vielleicht ein weiteres Interesse, werden jedoch besser an den betreffenden Orten selbst eingesehen, da sich ihr Verhältniss nicht in Kürze darlegen lässt.

Im Thierreich ist die Lage der Stäbchen bekanntlich wechselnd; bei den Vertebraten vom Lichte abgewandt zeigt sie bei den meisten Wirbellosen das umgekehrte Verhalten, nur bei den von mir beschriebenen Muscheln verhält sie sich wieder wie bei den Wirbelthieren. Bis zu einem gewissen Grade ist es möglich nach dieser Arbeit den Wechsel zu deuten. Unter sonst gleichen Umständen würde die Einrichtung der Wirbellosen die vollkommnere sein, denn dadurch, dass die Strahlen bei uns erst durch die übrigen Retinaschichten gehen müssen, entstehen manche Nachtheile. Das Gewebe muss sehr durchsichtig gemacht werden, und doch wird eine Lichtzerstreuung durch die runden Zellen nicht vermieden werden können. Das Gewebe schattet und fluorescirt, und ein blinder Fleck ist nicht zu vermeiden. Dagegen aber ist für die Ernährung der Stäbchenschicht durch die Aderhaut aufs vortrefflichste gesorgt, so dass sich die Wirbelthiere durch Empfindlichkeit und durch kurze Dauer gewisser Nachbilder vor allen auszeichnen dürften. Bei den Cephalopoden ist für die Blutzufuhr in der Retina zwar auch gesorgt, aber verhältnissmässig sind die Blutgefässe sehr spärlich, auch bleiben sie weit von den Stächen entfernt. In noch höherem Grade gilt dies von den Heteropoden und Schnecken. Bei Pecten liegen zwar wieder die Stäbchen nach hinten, aber es scheint auf die Blutzufuhr gar keine besondere Rücksicht mehr genommen zu sein. Die Stäbchen liegen hier vielleicht nur um eine genügende Convergenz der Lichtstrahlen zu ermöglichen, der sonst dem Glaskörper zukommende Raum ist ganz mit den Schichten der Retina und der Nerven erfüllt, die sehr schatten müssen. (Allerdings ist, wie mir einfällt, der blinde Fleck hier doch vermieden!) So bringt die Organisation der niedern Thiere doch im Ganzen mehr Nachtheile für das Sehen.

Weshalb war hier nicht dieselbe Einrichtung wie bei den Wirbelthieren zu treffen?

Bei den Wirbelthieren macht die Entwicklung des A u g e s einen viel verwickelteren Gang durch, wie die der ü b r i g e n S i n n e s o r g a n e. Während Gehör-, Geruchs- und Geschmackssinn sich durch einfache Einstülpung der Epidermis bilden, nimmt die Matrix des Auges zuerst Theil an der Einstülpung des Medullarrohrs, wird nun von hieraus bläsig vorgetrieben, und durch die dann erfolgende Rückstülpung wird erst die zweiblättrige Retina gebildet.

Bei den Wirbellosen ist die Entwicklung des Auges weit einfacher, sie folgt dem Typus des Gehör- und Geruchsorganes der Wirbelthiere. Dies Verhalten konnte schon aus der Analyse des Sepienauges erschlossen werden, trat aber beim Nautilus mit grosser Evidenz hervor, da hier das Auge nicht viel mehr ist, wie ein isolirter ausgehöhlter Hautwulst, welcher mit Epithel, theils Pigment-, theils Retinazellen ausgekleidet ist. Für die Arthropoden hat *Weismann*[1] nachgewiesen, dass die Augenelemente sich aus der Hypodermis entwickeln. Bei den Schnecken liess sich die Einstülpung noch nicht nachweisen, aber es tritt gerade bei den Heteropoden sehr deutlich hervor, wie die typischen Elemente des Auges E p i t h e l i e n sind, natürlich neben Nerven. Bei den Echinodermen endlich liegen ja die Augen an der Oberfläche selbst.

Weiter hat sich ergeben, dass die Stäbchen der Cephalopoden Cuticularbildungen sind und bei den Heteropoden und Pecten deutet das Verhalten der Stäbchen auf die gleiche Entstehungsweise. Es ergab sich dieser Befund wie von selbst beim Nautilus, und er lässt sich, wie ich glaube, unbedenklich auf die andern Cephalopoden übertragen.

[1] Die nachembryonale Entwicklung der Musciden. Diese Zeitschrift Bd. XIV.

Der Begriff Cuticularbildung ist in der Zootomie noch relativ neu und vielleicht noch nicht überall scharf festgestellt[1]); ich selbst habe hier keine speciellen Untersuchungen darüber angestellt, so dass vielleicht manche Einwürfe gegen jenen Satz zu machen wären. Ich kann aber darauf nicht weiter eingehen, sondern will nur angeben, wie ich meinen eigenen Anschauungen gegenüber mich rechtfertige. Eine Cuticula im Sinne der Phytotomen haben wir hier natürlich nicht, sondern als Typus unserer Substanz würde z. B. der Schmelz gelten können, doch auch dieser Vergleich trifft nicht genau zu. Wir haben aber auf je einer Zelle eine einseitige und gleichmässige Schicht, die ganz verschieden von der Zellsubstanz ist, und die sich ohne Verletzung der Zelle abziehen lässt, deren Form aber durch das zugehörige Zellenende bestimmt ist. Diese Substanz ist membranlos, relativ fest, aber kein erhärtetes Transsudat, weil jedes Stäbchen für sich besteht. Transsudat würde Intercellularsubstanz sein, die sich auch zwischen der Cuticula finden kann. Hüllte die Cuticula die Zelle rings ein, so wäre es Verdickungsschicht. Ich glaube übrigens mit dieser Auffassung in Uebereinstimmung mit *Kölliker* zu sein, der ja namentlich die Lehre von der Cuticula bei uns einführte.

Praktischen Werth für die Lehre von der Lichtempfindung hat die Sache nur insoweit, als wir wissen, dass wir es hier mit einer relativ einfachen Substanz zu thun haben, in welcher nicht mehr die noch unklaren und complicirten Lebenserscheinungen der Z e l l e n in Rechnung zu ziehen sind. In meinen Untersuchungen über die Entwicklung der Säugethierretina bin ich auf keinen Befund gestossen, der die Möglichkeit, dass auch hier die Stäbchen zum Theil Cuticularbildungen seien, ausschlösse.

Es hat sich im Verlauf der Arbeit weiter ergeben, dass die Stäbchen der Länge nach von einem Canal durchzogen sind, in welchem ein Faden liegt, der als mit Nervenfädchen erfüllter Zellenausläufer zu betrachten ist. Dieser Faden ist, sei es von Pigment umhüllt, sei es an der Lichtseite mit Pigment bedeckt, so dass auf ihn das Licht n i c h t direct wirken kann. Alle übrigen Theile der Retina sind gleichfalls durch Pigment der directen Einwirkung des Lichtes entzogen, nur die Stäbchensubstanz wird von den Strahlen durchdrungen. Nun ergab sich, dass in diesen Faden mindestens zweierlei Art Nerven eingehen; der eine, eine directe Fortsetzung des Nervus opticus, der fernab im Ganglion mit Zellen communiciren wird, der andere, ein Ausläufer von den Zellen der äussern Retina, welche ihrerseits vom Opticus Nerven empfangen. Dieser Befund scheint physiologisch wichtig. Dass der Ausläufer der nervösen Retina-

---

1) Die neuerdings von *Waldeyer* gegen die Deutung einiger Substanzen als C uticularbildungen erhobenen Bedenken kann ich nicht erkennen; im Gegentheil scheint mir die Persistenz von Zellenausläufern in Zahn und Knochen ein Beweis, dass die Zelle selbst wirksam bleibt und nicht untergeht, im Gegensatz etwa zur Colloidmetamorphose des Epithels der Thyreoidea.

zellen eine andere Beschaffenheit und Reizbarkeit haben wird, wie die Fasern des Nervus opticus, ist ein Schluss, den man vorläufig gewiss concediren wird, dass die Erregung eines jeden der beiden Fasern im Gehirn eine gesonderte Empfindung hervorbringen wird, ist ebenso wahrscheinlich, wie irgend ein anderer Satz aus der Lehre von den Hirnthätigkeiten. Der Grund davon, dass zweierlei Nerven in einem Stäbchen an identischer Stelle liegen, kann nicht wohl in etwas Anderem gesucht werden, als in dem Zwecke die Farben zu sondern. Wenn die Strahlen in den Stäbchen durch chemische Zersetzung einen Erregungsstoff produciren, so werden nach den Erfahrungen die violetten Strahlen diesen Stoff reichlicher und rascher erzeugen wie die grünen oder rothen. Um diesen Unterschied zu empfinden, genügte schon eine Faser, wenn auch zwei verschieden reizbare zartere Differenzen zur Wahrnehmung bringen würden. Aber in diesem Falle würde wenig Licht mit roth, intensiveres Licht mit violett verwechselt werden müssen, mindestens dann, wenn keine weitern Anhaltspuncte zur Beurtheilung der Lichtintensität gegeben ist, also bei der Anschauung von Flächen, welche die ganze Retina überdecken. Wir sind daher gezwungen die Hypothese zu machen, dass die Reihe stärker brechbarer Strahlen eine qualitativ andere Zersetzung hervorbringe wie die schwach brechbaren. Nehmen wir diese Hypothese an, so wäre wohl die von der Physiologie im Sinne der *Young-Helmholtz*'schen Theorie erforderte, Einrichtung gefunden.

Weitere Bestätigung erhält das bei den Cephalopoden gefundene noch durch die Augen von Pecten, wo (Taf. XXI. Fig. 95) zwei räumlich ganz getrennte Nerven zu denselben Stäbchen gehen. Es wäre bei der Länge der Stäbchen denkbar, dass der eine Faden schon in der Basis des Stabes aufhörte, der andere ganz bis zur Spitze verliefe. Hier würden die violetten, dort vielleicht die rothen Strahlen zur Vereinigung kommen. Solche Einrichtung, die durch meine Befunde nicht ausgeschlossen ist, würde zwar gesonderte Wahrnehmung des Violett gestatten, aber durch das Roth müssten schon beide Faserarten erregt werden, und durch etwas zu starke Lichtbrechung müsste sich das Verhältniss schon umkehren; daher ist diese Möglichkeit für farbige Photographieen vielleicht verwendbar, nicht aber für das Farbensehen.

Es ist mir die Meinung entgegengetreten, als sei die von mir beschriebene Endweise der Nerven im Widerspruch mit den Befunden *Max Schultze*'s. Das ist sie jedoch nicht; wenn *Schultze* hervorhebt, die Nerven endeten zwischen dem Epithel, so darf dies offenbar nicht zu scharf aufgefasst werden. Zeichnet er doch selbst Zellen, an denen die Nerven enden; er hebt den Unterschied dieser Zellen vom Epithel nur scharf hervor, wie es wohl für das Geruchsorgan richtig sein wird. Ich selbst sehe in meinen Befunden nur eine weitere Bestätigung der Lehre *Schultze*'s.

Als Viertes liegt mir nun noch ein Befund und eine Reihe Schluss-
folgerungen am Herzen. Der Befund ist im wesentlichen leicht erzählt.
Es gehen zu den einzelnen Retinazellen, welche ihre Fäden in die Stäbchen senden, nicht nur ein, sondern mehrere Nerven heran, wenigstens im Centrum, die aus einem Nervengeflecht hervorgehen.

Es war in der Histologie schon lange ein mir wenigstens sehr unbe-
quemes und störendes Räthsel, was die Nervenplexus und die im Grunde
ähnlich gebauten nervösen Molecularsubstanzen für einen Sinn haben.
Durch den erwähnten Befund (der mir in der That ganz unerwartet kam)
scheint eine Andeutung gegeben, wie dies Räthsel sich löst. Auf was für
Vorgängen auch immer die Nerventhätigkeit beruhe, sie wird schliesslich
doch auf Bewegungen leicht beweglicher Theile zurückzuführen sein. Nun
ist es physikalisch nicht wohl anders denkbar, als dass durch die Bewe-
gung in einem Nerven auch die Theile der Nachbarn etwas mit fortgezo-
gen werden; es fragt sich nur, wie stark der ausgeübte Zug ist. Dieser
Zug könnte annähernd wirkungslos bleiben, jedoch bei den dicht gelagerten ausserordentlich feinen Nervenfibrillen, deren Peripherie gegen
den Inhalt relativ so überwiegt, dürfte doch eine Miterregung der Nachbarn stattfinden müssen, wenn die Nerven weite Strecken nebeneinander verlaufen. Träte diese Miterregung nicht ein, so müsste die Einrichtung der Nerven eine einzig vollkommene sein. Ist eine Miterregung möglich, so wird dadurch die isolirte Wahrnehmung gestört. Der erwähnte
Befund deutet jedoch den Weg an, auf welchem in der Natur solche Nachtheile vermieden sein könnten. Man denke sich ein Verhalten wie im
Schema Taf. XVI. Fig. 59. Die zwei, drei oder mehrfachen Nerven der
einen Retinazelle verlaufen getrennt von einander neben Fasern weiter
entfernt liegender Zellen, vereinen sich aber schliesslich wieder in einer
Ganglienzelle. Nun mögen die Fasern schlecht isoliren (was übrigens
keineswegs der Fall sein kann), war der Reiz überhaupt stark genug den
Verlust durch die Querleitung zu ertragen, so wird immer die betreffende
Ganglienzelle auf der Figur mindestens dreimal so stark gereizt werden,
wie irgend ein Nachbar, und damit ist die Localisirung des Reizes gesichert. Somit würde darin Zweck und Bedeutung der Nervenplexus zu
suchen sein.

Auf diese Betrachtungen lege ich deshalb Gewicht, weil ich hoffe,
dass sie der Histologie in der unendlich schwierigen Frage nach dem Bau
der Centralorgane weiter helfen werden.

In der Physiologie ist zunächst kein Bedürfniss nach solchen Hülfs-
einrichtungen merklich. In dem Auge lassen sich bis jetzt fast alle Er-
scheinungen ohne Mitempfindung erklären, nur die Wahrnehmungsweise
des Sonnenbildes im ungeschützten Auge scheint mir durch die gewöhnliche Irradiation nicht genügend erklärt. Sollten die Mitempfindungen
hier auch noch in Rechnung gezogen werden, so dürfte jedenfalls die
weitere Prüfung des Auges sehr dornenvoll sein.

Es bedarf schliesslich wohl einer Entschuldigung, weshalb ich nicht wenigstens den guten Willen gezeigt habe, auch die Retina der Wirbelthiere in das Bereich der Untersuchung zu ziehen; jedoch meine Ausdauer war erschöpft und meine Neigung zog mich nicht dorthin. Gern wollte ich aber, dass durch den vorliegenden Versuch immer noch mehr tüchtige Kräfte angeregt würden, uns auch das menschliche Auge zu erschliessen.

Nachtrag.

Babouchin hat (Würzburg. naturw. Zeitschr. Bd. V. Heft III) weitere Beobachtungen über unsern Gegenstand mitgetheilt. Er ist offenbar weniger tief eingedrungen, ich erwähne seiner aber, weil er die E n t w i c k l u n g der Retina untersuchen konnte. Leider muss ich bemerken, dass ich seine Darstellung für zu schematisch halten muss, um Folgerungen daraus zulassen zu dürfen, mindestens ist die Linse so dargestellt, dass sich ihr Bau nicht mit den Befunden von *Huschke, Müller* und mir vereinen lässt. Ich verstehe nicht, wie an einem Präparat, wie Fig. 10 und 9 die Stäbchenkörner, Fig. 11 die Radiärfasern fehlen konnten.

Erklärung der Abbildungen.

Tafel XII.

Fig. 1. Auge von Sepia im Horizontaldurchschnitt, 2½mal vergrössert. Die vordere Seite sieht nach oben, die linke Seite ist histologisches Schema. Man sieht rechts vom Ganglion opticum (*G*) die hellen Nerven ausgehen, die vom weissen Körper (*w, K*) umgrenzt werden, quer durch sie hindurch geht als feiner Strich die Knorpelhaut und Argentea interna, dann treten die Nerven zur Retina (*R*), an der man das äussere Blatt, die Pigmentzone, die hellen Stäbchen erkennt. An der Stelle, wo die Retina aufhört, erkennt man an beiden Seiten den Aequatorialknorpel (*Ae*), weiter nach vorn die Linse und die Iris (*I*), deren vorspringender Lappen in dieser Lage nicht sichtbar wird, und das Corpus epitheliale lentis (*Ce*).

Links entspringt aus der Hirnhöhle (*Hh*) der Tractus opticus; er ist umgeben von seinem Neurilem, welches als eine von Knoten unterbrochene Linie dargestellt worden ist. Dies Neurilem umhüllt das Ganglion opticum und tritt als Hüllhaut an die Retina heran. An dieser lässt es sich bis zu ihrem Ende verfolgen und geht bis zum Corpus epitheliale. Der Nerv verliert sich zunächst in der Mitte des Ganglions zwischen Kernen. Aus diesen Kernen treten Nerven aus, welche durch die dreifache angedeutete Schicht von Körnern, Molecularmasse und wiederum Körnern hindurch gehen, um nun die Löcher der siebförmig durchbohrten Knorpelhaut zu durchsetzen und an die Retina auszustrahlen. An der Retina erkennt man die äussere

Schicht (Re) und die innere (Ri), zu der auch der Pigmentstreif gehört. An der hintern Seite des Auges beginnt die äussere Retina mit rundlichen Zellen, die sich aber bald strecken ; diese Stelle ist der gelbe Fleck. Weiterhin sind die Zellen entfernt, an einer Stelle liegt die Grenzmembran (GM) frei und alsdann sieht man die Radiärfasern an sie heran treten. Die innere Retina (Ri) ist bedeckt von der homogenen Membran (Mh), welche an einem Pigmentwulst beginnt. An der vorderen Seite sind die Stäbchen entfernt, es treten die Stäbchenkörner, die übrigens überall unter dem Pigment gesehen werden, deutlicher hervor, man sieht eine Strecke, wo die Stäbchen zwar entfernt, aber das Pigment noch erhalten ist, hier ragen aus dem Pigment die Stäbchenfäden hervor; dann ist das Pigment fort gedacht, und man sieht die Körner mit den zugehörigen Fäden, endlich sind die Körner auch entfernt, und man sieht allein die Nerven und Zellenfortsätze. Weiterbin beginnen zunächst wieder die Stäbchen, dann die Fäden, schliesslich Körner und Pigment.

Nach vorn zu ist auf der einen Seite namentlich das Epithel hervorgehoben. Man sieht hier die Epithelzellen der Pars ciliaris ganz bis zur Linse hingehen, ferner im Corpus epitheliale die Epithelzellen mit ihren Fortsätzen ; auf der innern Seite musste ich diese Zellen auch an der freien Fläche des Corpus ciliare zeichnen, es ist das verkehrt. Die äussersten Ausläufer bilden auf dem Körper und der Linse Endplatten, der Kupferstecher hat das Verhalten jedoch zu unklar dargestellt. An der vordern Seite ist das bindegewebige Septum gezeichnet. Die Epithelzellen sind entfernt, nur diejenigen der Pars ciliaris als Pigmentstreif angedeutet.

Das Auge ist noch von seiner Kapsel umgeben. Bei C sieht man die durchsichtige Stelle mit ihrem innern und äussern Epithel. Man übersieht den Ursprung der Kapseln mit ihren Muskeln. Die Muskeln sind überall im Längsschnitt als spindelförmige Fasern, im Querschnitt als Kreise gezeichnet. Das Ganglion wird an der hintern Seite vom Orbitalknorpel (O), an der vordern vom Trochlearknorpel (Tr) eingefasst. Nach aussen von letzterem liegt die Argentea externa, die überall mit kurzen Strichen gezeichnet ist. Zwischen dieser und der Argentea interna liegen einige Muskeln, die namentlich nach innen vom Trochlearknorpel sehr entwickelt sind. Auch der Hufeisenknorpel (H) liegt zwischen beiden Häuten, eingebettet in Gallertgewebe, welches übrigens rings um den hintern Theil des Bulbus sich findet. Die Argentea interna (Ar, i) ist mit dicht liegenden Puncten gezeichnet und bekleidet überall die Knorpelhaut, nur liegen dazwischen noch Querschnitte von Muskelfasern. In der Iris, die auf der hintern Seite mit Pigmentepithel überzogen ist, sieht man den hellen Irisknorpel mit dem darauf liegenden Sphincter (vorn) und dem Ciliarmuskel (der nur zum Theil angedeutet ist). Der Aequatorialknorpel (Ae) und die nach hinten dicke Knorpelhaut ist deutlich. Am Ansatz des vordern Längsmuskels hat sie eine Lücke.

Ich will zur Erleichterung die Benennungen noch einmal wiederholen. Ae Aequatorialknorpel. Ar, e u. i Argentea. C, e Corpus epitheliale. C durchsichtige Stelle. G Ganglion opticum. GM Grenzmembran. H Hufeisenknorpel. Hh Hirnhöhle. I Iris. IK Irisknorpel. K Kapsel. wK weisser Körper. Mh Membrana homogenea. O Orbita. R Retina. R, e u. i Retina externa und interna. Tr Trochlearknorpel.

Fig. 2. Durchschnitt der Cornea von Eledone, 50mal vergrössert. Rechts liegt die augenlidähnliche Hautfalte ; darin a die eigentliche Haut, b die Muskelfasern des Sphincter, c das subcutane Bindegewebe, in dem einige Muskeln sich verzweigen, d die Augenkapsel. Bei c Chromatophoren.

Fig. 3. Durchschnitt durch dieselbe Cornea, 600mal vergrössert. Man erkennt deutlich das lamellöse Gefüge dieser Haut, es ist freilich zu bedenken, dass Chromsäure das Gefüge der Cornea weniger gut erhält. Bei *a* ist eine verdichtete innere Lamelle, bei *b* die äussere Schicht sichtbar, *c* inneres Epithel, *d* perpendiculäre Lamellen.

Fig. 4. Schnitt durch das vordere Viertel des Auges von Sepia, 50mal vergr. Man sieht bei *R*-die Retina, auf der *Mh* die Membrana homogenea. Das Pigment bildet am Ende der Retina einen Wulst und setzt sich bis zur Linse (*L*) fort, an der es mit einer Verdickung endet. Unter dem Pigment verläuft die Fortsetzung des äussern Blattes der Retina. Wie man an der zerrissenen Stelle erkennt, besteht dieselbe aus einer dünnen, fast homogenen Haut (*a*) und einer dickeren mehr faserigen (*b*). Nach aussen von der Retina liegt der Aequatorialring (*Ae*), derselbe ist innen von ziemlich dickem Perichondrium (*e*) überkleidet. Aussen auf ihm liegt eine Schicht von Quermuskelfasern (*M*), darauf die Argentea interna (*Ar*, *i*), dann lockeres Bindegewebe und die Argentea externa (*Ar*, *e*). Die Muskelschicht verdickt sich am vordern Ende des Aequatorialknorpels, und von hieraus gehen drei Muskelschichten ab, die den *Langer*'schen Muskel bilden, die innerste Schicht (*b*) besteht aus Längsmuskeln, welche zum Theil ins Corpus epitheliale (*C e*), zum Theil an die Innenfläche des Irisknorpels (*d*) sich ansetzen. Die mittlere Schicht besteht aus fast quer verlaufenden Muskeln, welche jedoch unter dem Irisknorpel mehr longitudinal verlaufen und sich hier anheften; die äussere Schicht besteht aus schräg laufenden Muskeln, welche zum Theil an die hintere Kante des Irisknorpels sich ansetzen. Die Argentea interna überzieht den Aequatorialring continuirlich, von bier setzt sie sich in Unterbrechung nach aussen von dem *Langer*'schen Muskel nach vorn fort, wird in der Iris dicker und geht (in ihrem Gefüge der Argentea externa ähnlicher, wie die Zeichnung es giebt) am Rande in die Argentea externa über. Der Irisknorpel ist bedeckt von Kreismuskeln, die namentlich an seiner hintern und vordern Kante bei *g* stark entwickelt sind. An der Innenfläche ist die Iris von Pigment überkleidet. Im Corpus epitheliale sieht man in der Mitte das bindegewebige Septum; durch die pigmentirten Linien, welche von den schwarzen Zellen des Körpers herrühren, sind die Blätter in ihm angedeutet, da der Durchschnitt nicht ganz perpendiculär traf. Die feinen Ausläufer, welche die Linsensubstanz bilden, sind schon kenntlich.

In der Argentea liegen an einigen Stellen Gefässdurchschnitte, bei *f* sieht man den Durchschnitt des venösen und arteriellen Ringgefässes.

a homogene Membran des Pigmentes, *b* faserige Fortsetzung der Retina, *c* Längsmuskel, *d* Irisknorpel, *e* Perichondrium, *f* Ringgefässe, *g* Sphincter Iridis.

Fig. 5. Epithel von der Fläche der Argentea externa. *a* die Grundmembran, *b* die Epithelzellen. 500mal vergr.

Fig. 6. Querschnitt durch den freien Lappen der Iris. 500mal vergr. *a* das Epithel, *b* eine äussere bindegewebige Schicht, die sich auch zwischen die Platten der Argentea erstreckt, *c* die Argentea. Ein Unterschied zwischen Argentea interna und externa war hier nicht deutlich.

Fig. 7. Argentea externa der Sepia von der Fläche. 150mal vergr. Man sieht die Lagerung der Plättchen, welche im Ganzen einer Richtung folgen und sehr wenig Licht durchfallen lassen. Seitlich sind sie vereinzelt liegen geblieben, so dass hin und wieder einzelne ganz isolirt sind.

Tafel XIII.

Fig. 8. Plättchen der Argentea externa von Sepia, 600mal vergrössert. *A* von der Fläche, *B* von der Kante, *C* halb seitlich, um die Unregelmässigkeiten der Fläche zu zeigen.

Fig. 9. *A* Elemente der Argentea interna an der Knorpelhaut von Sepia. 500mal vergr. *a* die schillernden Körnchen, *b* Grundsubstanz. *B* Aus der Argentea externa von Loligo, 500mal vergr. *C* aus der Argentea interna desselben Thieres. *a* ein concaveonvexes Plättchen, circa 100mal vergr. *b* die Haut von der Fläche 500mal vergr.

Fig. 10. Durchschnitt durch die Uebergangsstelle der Iris aufs Corp. ciliare. 150mal vergr. *I* die Iris, *a* der Irisknorpel, *b* das Pigmentepithel der Iris, das bei *d* sich cylindrisch verlängert, und bei *c* schon am Ende verbreiterte Ausläufer gebildet hat, welche die vordere Fläche des Corpus epitheliale decken. bei *e* liegen die Zellen des Corpus, *f* Muskeln und Bindegewebe.

Fig. 11. Knorpelhaut des Auges von Loligo, 2mal vergrössert. *Ae* Aequatorialknorpel, *Cr* Cribrum.

Fig. 12. Knorpelhaut desselben Thieres an dem Rande des Aequatorialknorpels (*Ae*), 50mal vergr. *a* die Knorpelhaut mit unregelmässig verstreuten Zellen.

Fig. 13. Knorpelzellen des Aequatorialringes von Sepia, 500mal vergr. *A* durch Kochen auseinandergezerrt, *a* Knorpelhaut. *B* durch Natronlauge isolirt, auch hier noch sind die Porencanäle wahrnehmbar.

Fig. 14. Schnitt durch den Aequatorialring von Sepia, circa 1000mal vergr. *a* Perichondrium, *b* Fortsetzung der Knorpelhaut, die hier sehr mächtig war, *c* Knorpelzelle. Die Zelle *d* ist fast ganz peripherisch getroffen, so dass man die Durchschnitte der Porencanäle sah; dieselben sind jedoch zu grob ausgefallen. An den Enden der Zellen sieht man die Porencanäle mit den anhängenden Körnermassen, jedoch sind diese Bildungen im Druck viel zu grob ausgefallen.

Fig. 15. Querschnitt des Aequatorialknorpels, 600mal vergr., Carminpräparat. Der Schnitt hat bei *a* das Lumen der Zellen noch kaum getroffen, die gröbern Körner entsprechen den, den Poren anhängenden Cytoplasmaklümpchen. Hin und wieder treten auch in den Scheidewänden der Zellen die Poren hervor. *b* der Zelleninhalt.

Fig. 16. Das Auge von Sepia von hinten nach Entfernung des Ganglions, kaum vergr. *Tr* Durchschnitt des Trochlearfortsatzes, *a* Durchschnitte von Muskeln, *d'* der kleine oberflächlich verlaufende Muskel, *b* der Hufeisenknorpel, *c* der abgeschnittene Nervus opticus.

Fig. 17. Ein freipräparirtes Bindegewebsseptum aus dem Corp. epitheliale, 300mal vergr. Man sieht bei *a* die Gefässe in demselben verlaufen. *b* bindegewebige, *d* haftengebliebene Epithelzelle.

Fig. 18. Feiner Schnitt aus dem Corp. epitheliale, 500mal vergr. Man sieht die Zellen mit ihren Ausläufern *a* auf einer Bindegewebsmembran (*b*) ruhend.

Fig. 19. *A* isolirte Zellen aus dem Corp. epitheliale, meistens mit zwei Ausläufern versehen, bei *a* eine mit breiter Basis, *B* eine gestielte, festsitzende, pigmentirte Zelle ebendaher. 500mal vergr.

Fig. 20. *A* vordere Oberfläche der Linse (*L*) mit dem gefelderten Aussehen, bei *a* Fasern des Corp. epitheliale, B ein Stück der hintern Oberfläche der Linse. Die Fasern scheinen den Grenzen der Lamelle anzugehören. 300mal vergr.

Fig. 21. *A* ein kleines Stück der Oberfläche des Corp. epitheliale von Eledone; *a* die Fasern, *b* die Felder, mit denen sie enden. B ein ähnliches Stück von der Seite gesehen; *a* die Fasern, *b* die Felder. 300mal vergr.

81

Tafel XIV.

Fig. 22. Schnitt fast genau durch das Centrum des Linsenkernes von Sepia. *a* Septum, *b* vordere Linse. Die concentrischen Linien entsprechen nicht den einzelnen Lamellen, sondern Spaltungen zwischen diesen. Der Kern ist ein wenig verletzt und nicht ganz perpendiculär getroffen. 75mal vergr.

Fig. 23. Pigmentepithel der hintern Fläche des Corpus epitheliale von Sepia. 400mal vergr.

Fig. 24. Durchschnitt durch die Linsenlamellen von Eledone, um die einzelnen Lamellen zu zeigen. 600mal vergr.

Fig. 25. Anfang der hintern Linse von Eledone. *a* Ende des Pigmentes, *b* Ende der Linsenlamellen, *C e* Corpus epitheliale, *c* Septum der Linse, *d* weiter laufende Linsenlamellen. 300mal vergr.

Fig. 26. Isolirte Linsenlamellen. *a* Fasern des Corpus, *b* Oberfläche der Linse, die Lamelle ist nicht einfach, erst das kleine Stück bei *c* würde einer einfachen Lamelle entsprechen. Die Verbreiterungen der Fasern sind deutlich. 800mal vergrössert.

Fig. 27. Linsenlamelle aus dem Kern. *a* die Lamelle, *b* die Fasern. Die Substanz ist hier dichter und etwas körnig, die Lamelle ist noch nicht ganz einfach.

Fig. 28. *A* u. *B* Copien von *Vintschgau*'s Figuren, *A*—15 *A* nach *Vintschgau*. Retina von Sepia; *a* inneres Zellenstratum, *b, c, d* Parallelfasern, wovon *b* das innere Ende, *c* die Mittelparthie, *d* das äussere Ende ist, *e* Pigmentstratum mit Verbreiterungen der Parallelfasern, *f* Kernstratum, *g* Nervenfasern. *B* u. Fig. 17 nach Vintschgau. Drei verschiedene Parallelfasern, die isolirt sind, um zu zeigen, wie zuweilen eine einzige (*f*) Verbreiterung von ihnen gebildet wird (*a, b*), zuweilen (*e, f, g*) auch zwei Verbreiterungen sich vereinen (*l, m, n*), über dies sieht man die Vereinigung solcher Fasern mit Kernen (*d, h*). *C* Copie nach *Babouchin*, die Erklärung sehe man im Text.

Fig. 29. Nervenstamm aus dem Opticus von Eledone. Bei *a* sieht man die etwas abgehobene Scheide, die an den andern Stellen nicht zu erkennen ist. 75mal vergrössert.

Fig. 30. Ein feiner Nerv ebendaher zerzupft. Man sieht an mehreren Stellen die feinen Fäserchen, welche je einem Nerven zu entsprechen scheinen. 800mal vergr.

Fig. 31. Stück der Retina von Eledone. Man sieht die Nerven (*a*) in den Maschen des Balkennetzes, *b* Kerne der Retina, *c* Balkennetz, *d* Kerne des Balkennetzes.

Fig. 32. Durchschnitt der Retina von Sepia, aus der Nähe des gelben Fleckes, ausgepinselt, 500mal vergr. *a* Nerven, *b* Balkennetz, *c* Radiärfasern und Röhren, *d* Grenzmembran, *e* Zellen aus der Zellenschicht, *f* Kerne der Zellenschicht, *g* Nervenkerne, *h* Kerne des Balkennetzes, *i* das innere Netzwerk. Durch den Druck ist eine Grundsubstanz in die Figur hineingekommen, die nicht existirte.

Tafel XV.

Fig. 33. Die Grenzmembran von Sepia von der Fläche, ausgepinselt. *a* Gefässe, *b* Balkennetz, *c* Zellen desselben, *d* Blutkörperchen in den Gefässen, *e* sitzengebliebene Kerne der Retina. 600mal vergr.

Fig. 34. Stück der Retina von Eledone. Bei *a* sieht man das Netzwerk der Grenzmembran, von der die Radiärfasern entspringen. 400mal vergr.

Fig. 35. Aeusseres Ende der Radiärröhren von Sepia im äussern Balkennetz. 500mal vergrössert.

Fig. 36. Retina von Sepia, zerzupft. Man erkennt sehr deutlich die Röhren *a*, die sich an der Grenzmembran *b* verlieren, *c* Kern der Röhren, *e* Nervenfasern, *d* Kerne des Zellenstratums mit umliegendem Cytoplasma. 800mal vergr.

Fig. 37. Durchschnitt aus der Peripherie der Retina von Sepia, etwas ausgepinselt. *a* ein Blutgefäss in längerem Verlauf, *b* Kerne der Zellenschicht. Der Schnitt war noch nicht genügend erhärtet, so dass die Radiärfasern durch den Pinsel zu sehr verletzt wurden. 400mal vergr.

Fig. 38. Retina von Sepia aus der Nähe des gelben Fleckes. Die Verhältnisse des äussern Blattes waren ans irgend einem Grunde undeutlich, so dass die Contouren der Zellen nicht recht aufzufinden waren, dagegen ist die Schicht der Stäbchenkörner deutlich. *a* Pigment, *b* Stäbchenkörner, *c* Grenzmembran, *d* Zellenschicht; bin und wieder sieht man Fortsätze der Zellen durch die Grenzmembran gehen; *e* Balkennetz, das hier sehr locker ist, jedoch grösstentheils durch anliegende Nerven verdeckt wird, *f* ein grösserer Nerv, *g* Radiärfasern. 600mal vergr.

Fig. 39. Retina von Eledone central. Man sieht bei *a* die Nervenschicht, bei *b* das Zellenstratum, welches nur zu dick war, um die einzelnen Zellen deutlich zu zeigen. Aus ihm gehen mehrfach längere oder kürzere Fortsätze durch die Grenzmembran (*d*) hindurch, *e* Stäbchenkörner, *f* eine Nervenfaser, *g* Durchschnitte von Gefässen.

Fig. 40. Vorderer Rand der Retina von Sepia im Durchschnitt. *a* homogene Membran, *b* Epithelzellen derselben, *c* Stäbchen, zwischen denen Eiweisstropfen liegen, *f* äussere Retina, *d* Pigment der Stäbchen, *e* Pigment in der äussern Retina, *g* Nerven, *h* bindegewebige Fortsetzung der Retina, *i* Radiärfasern. 500mal vergr.

Fig. 41. Schnitt durch die Peripherie der Retina von Sepia, etwas ausgepinselt. *a* Nervenschicht, *b* Gefässdurchschnitt, *c* Radiärfasern, *d* Kerne, deren Zellen durch geringe Maceration ganz undeutlich geworden sind. 400mal vergrössert.

Fig. 42. Stück aus der Peripherie der Retina von Eledone, um das Verhalten des Nerven *a* zu zeigen, *b* Balkennetz, *c* Grenzmembran.

Fig. 43. Retina von Sepia am hintern Rande. Man sieht, wie das Gewebe des Balkennetzes (*c*) und die Grenzmembran (*d*) sich vereinen, um peripher weiter zu laufen. Aus der Grenzmembran treten sehr viele Fasern, die man bin und wieder bis zum Nerven verfolgen kann. Ebenso sicht man an den Kern (*a*) einen Faden herantreten und weiter gehen, *b* homogene Membran. 400mal vergr.

Fig. 44. Zellen aus dem Zellenstratum von Sepia. *A* aus dem Centrum, an der Lage der Stäbchenkörner (*a*) erkennt man, dass diese Zellen durch die Grenzmembran, von der noch ein Stück an die einen zu sehen ist, hindurch gingen. *B* Zellen aus mehr peripherischen Theilen, zum Theil wohl verletzt. An der einen ist der Kern kaum sichtbar, an der andern fehlt er ganz.

Fig. 45. Zellen auf dem Centrum von Eledone. *A* man sieht aus der Nervenschicht (*a*) mehrfache Nerven zur Zelle (*b*) gehen, *c* Radiärfaser, *d* Stäbchenkorn. *B*, *a* spindelförmige Körper, *b* Stäbchenkorn, *c* Geläss, *d* Nervenfaser. Man sieht den Durchtritt der Fortsätze durch die Grenzmembran genügend deutlich. 600mal vergr.

Fig. 46. Von Eledone. *A* isolirte Zellen der Zellenschicht. *B*, *C*, *D* Stücke der Retina, um den Durchtritt der Zellen und der Nerven (*a*) zu zeigen, *b* Radiärfaser. In *C* ist die Nervenfaser wohl zu dick gezeichnet, doch kommen Unterschiede in der Dicke vor.

Tafel XVI.

Fig. 47. Durchschnitt der Retina von Sepia mit Chlor entfärbt. *a* Pigment, *b* Fasern, welche in die Stäbchenschicht hineingehen, *c* äussere Retina, *d* Stäbchen.

Fig. 48. Stäbchenkörner von Sepia, isolirt. Es treten von aussen mehrere Fasern an sie heran. Ich glaubte damals die Bildungen bei *a* als ihre Zellenmembran deuten zu können, und darf deshalb jetzt diese Zeichnung nicht verläugnen. *b* Zelle der äussern Retina. Sämmtliche Kerne hingen noch fest am Pigment.

Fig. 49. Stück der Retina von Sepia. An die Stäbchenkörner (*a*) schien mir ein Faden heranzutreten, *b* Zellenfortsatz.

Fig. 50. Stück der Retina von Loligo, an denen man das Hervortreten von Fortsätzen aus den abgestumpften Zellenenden wahrnimmt.

Fig. 51. Inneres Ende der Stäbchen von Eledone, um das Verhalten des Pigmentes zu zeigen. Man sieht, wie dasselbe sich innerhalb von Röhren befindet, aus denen es offenbar etwas hervorgequollen ist. Die Contouren der Stäbchen sind durch darunterliegende Röhren verwischt. 800mal vergr.

Fig. 52. *A* Flächenschnitt der Stäbchen von Eledone, ein wenig schräg geführt aus dem Centrum. Man sieht unten die Stäbchen mit dem Pigmentcanal, während sie oben ganz oberflächlich getroffen sind, und daher hin und wieder das Pigment fortgerissen zu sein scheint. 600mal vergr. *B* Querschnitt von zersprengten Stäbchen, von einer dem Rande näheren Stelle, bei *a* ist noch ein Stäbchen unverletzt, bei *b* ist das Pigment herausgefallen; im Pigment bemerkt man hin und wieder die etwas verschobenen hellen Querschnitte der Stäbchenfäden.

Fig. 53. *A* Die homogene Membran (*b*) mit zwei ihr anhängenden Secretionszellen (*a*) von Sepia. 500mal vergr. *B* Dieselbe Membran (*b*) von Loligo von der Fläche, *a* Pigment, *c* Kerne der Zellen, die jedoch hier bereits in weitere Theilungen eingegangen zu sein scheinen, wenigstens liegen auch neben ihnen schon Fäden (*d*).

Fig. 54. Innere Oberfläche des Pigmentes von Sepia, von der die Stäbchen entfernt sind, es ragen daraus Fäden hervor, die zum Theil deutlich einem spindelförmigen Körper entsprechen.

Fig. 55. Stück der Retina von Sepia. Bei *A* tritt aus dem spindelförmigen Körper (*a*) ein Faden heraus. Bei *B* sieht man die Fäden in die Stäbchen gehen, da dieselben ein wenig abgezogen sind. Die Contouren der einzelnen Stäbchen sah ich nicht scharf.

Fig. 56. *A* von Eledone. Die Retina ist ausgepinselt. Man sieht hier mehrfach das Durchtreten der Nervenfasern und ebenso, dass die sog. Fortsätze der Stäbchenkörner aus einer Anzahl von Fasern bestehen, die man zum Theil zu den Stäbchen gehen sieht. *a* ein Gefäss, *b* Radiärfasern, *c* ein Nerv. Dieses sehr schöne und klare Präparat habe ich leider selbst zu einem Beweismittel gegen mich gemacht, man sieht nämlich sehr klar die Canäle der Stäbchen, dort hinein sollen ja die Fasern gehen. Ich erinnere sehr klar (das Präparat ging zu Grunde), dass ich, um das Bild der Stäbchen so zu geben, wie es hier ist, die Einstellung des Mikroskopes in einer Weise ändern musste, die sich nicht ganz mit meiner Treue vertrug, aber ich hielt damals den Canal für eine dicke Wandung des Stäbchens, und liess mich nicht genügend durch die Objecte leiten. So ist denn diese kleine Strafe eine wohlverdiente. *B* aus der Retina von Sepia. Man sieht neben den Fortsätzen der grössern Zelle (*a*) auch die runde (*b*) einen Faden durch die Grenzmembran senden. Bei *C* sieht man zwischen Stäbchenkorn und Grenzmembran ein Bild, als wenn entweder zwei Fäden zu dem Korn gingen, oder eine Membran. Um eben die Schwierigkeit der Entscheidung in solchem Falle, wo man in der Regel das Präparat nicht in passender Weise zum Rollen bringen kann, zu zeigen, zeichnete ich es her. 600mal vergr.

Fig. 57. Isolirte Stäbchen von Eledone. *A* Ende eines Stäbchens, durch welches ein Canal geht, der mit dem Pigmentpfropfe endet. *B* Stab und Stäbchenkorn, von letzterem geht ein Faden in den Stab, daneben liegt ein Stäbchen, aus dem der Faden herausgezogen zu sein scheint. *C* das Stäbchen, in welches der eine Faden geht, ist zum Theil abgebröckelt. Neben dem Faden im Stäbchen findet sich etwas Pigment, weiter nach aussen legt sich ein, weiteres Stäbchen an, wodurch, wie man sieht, sogleich der Contour des ersten Stäbchens verlöscht wird.

Fig. 58. *A* Zellen- und Nervenschicht von Eledone. Man sieht namentlich bei *a* deutlich drei Nerven an die Zelle herangehen, aber auch Aehnliches bei den andern Zellen. *B* eine kernlose Zelle der Zellenschicht von Sepia, welche sich mit mehrfachen Wurzeln in dem Nerven- und Balkennetzstratum verliert.

Fig. 59. Schema für die Nervenplexus.

Fig. 60. Membran des Ganglion opticum mit einigen sitzen gebliebenen Nerven, die jedoch im Druck unkenntlich geworden sind.

Tafel XVII.

Carmin imbibition.

Fig. 61. Knorpel der Orbita von Sepia im Querschnitt, 75mal vergr. *a* Periost der innern Seite, *b* innerer Theil des Knorpels, in dem man Gefässe (*e*)'verlaufen sieht, *c* äusserer gefässloser Theil. In beiden Theilen, namentlich im innern, ist eine gewisse Gruppirung der Knorpelzellen zu Haufen zu erkennen, *d* Muskelursprünge.

Fig. 62. Durchschnitt der äussern Kapsel von Eledone. *a* Längsmuskeln, *b* schräge, *c* quere, am weitesten nach aussen liegende Muskeln. 300mal vergr.

Fig. 63. Aequatorialring im Längsdurchschnitt. 150mal vergr. *a* die eigentliche Knorpelhaut, welche die Zellen des Ringes überzieht. Dieselbe ist innen und aussen noch von Periost umkleidet, *b* die leeren Knorpelkapseln, in denen weiterhin Zellen liegen, deren verschiedene Grössenverhältnisse man übersieht.

Fig. 64. Tangentialdurchschnitt des Corpus epitheliale von Sepia, der Pigmentüberzug der hintern Seite ist abgefallen. 100mal vergr. *a* das Bindegewebsseptum, von welchem nach oben und unten die auf dem Querschnitte baumförmigen Falten (*b*) entspringen. Diese Falten sind zunächst von den im einzelnen kaum erkennbaren Epithelzellen (*d*) bekleidet. Von diesen geht überall ein Maschenwerk feiner Ausläufer ab, die sich zu dichteren Zügen (*c*) vereinen, und sowohl zwischen die Bäume der Septumfalten hineingehen, als auch die Oberfläche überziehen; doch sind sie nicht überall erhalten.

Fig. 69. Siehe unten.

Tafel XVIII.

Carminimbibition.

Fig. 65. Querschnitt aus dem peripherischen Theile der Retina von Sepia; das innere Blatt ist abgefallen. *a* die Grenzmembran, *b* die Zellenschicht, *c* das noch mit dem Nerven erfüllte Balkennetz, *d* die Nerven.

Fig. 66. Querschnitt vom Rande der Retina von Eledone. Die Stäbchenkörner sind im Pigment versteckt. *a* Zellenschicht, *b* Nerven, *c* Hüllhaut der Retina, *de* Aequatorialring. 250mal vergr.

Fig. 67. Feiner Durchschnitt aus dem gelben Flecke von Eledone, die Stäbchen sind nur zum Theil erhalten. *a* Stäbchen, *b* Pigment, *c* Stäbchenkörner, *d* Zellenschicht, *e* Balkennetz und Nerven, *f* Nervenschicht.

Fig. 68. Durchschnitt der Retina von Sepia aus der Nähe des gelben Fleckes. *a* Stäbchen, *b* Stäbchenkörner, an den abgelösten Stäbchen hängen geblieben, *c* Zellenstratum, *d* Balkennetz, *e* Nervenschicht, *f* Hüllhaut der Retina.

Fig. 69. (Taf. XVII.) Durchschnitt des Ganglion opticum von Sepia. 150mal vergr. *a* Tractus opticus, *b* die Hüllhaut der Retina mit den Gefässen, den Tractus ins Innere begleitend und sich hier fein vertheilend, *c* inneres Körnerlager. In dieses geht der Tractus ein, nachdem er sich vorher sehr fein zwischen den Körnern des Ganglionkernes vertheilt hat. Dicht innerhalb der Körner bemerkt man einen hellern Strich, welcher den hier wieder mehr vereinten Fasern des Tractus entspricht. *d* graue Substanz oder Molecularschicht des Ganglions, aus feinen sich in vielen Richtungen kreuzenden und dicht verflechtenden Nervenfasern bestehend, *e* äussere Körnerlage, in der die Körner im Ganzen etwas lockerer liegen, *f* der Nervus opticus, der überall von der Peripherie des Ganglions entspringt, aber an dem Präparat grösstentheils entfernt war.

Fig. 70. Durchschnitt des Auges von Helix. 400mal vergr. *a* Nervus opticus, *b* äussere Retina, die Stäbchen sind im Pigment verborgen, *c* das Epithel der Cornea, *d* die Linse, in deren Innerem eine kuglige Schichtung sich zeigt.

Tafel XIX.

Fig. 71. Auge von Nautilus, natürl. Grösse. *a* der Stiel, *b* der membranöse Rand, bei *d* ist der Ort der Pupille, *c* der Augententakel, an dessen dunkel schattirter Stelle ein Canal ausmündet. Die Flecke auf dem Auge bei *e* sind das sitzengebliebene Epithel.

Fig. 72. Die Vorderfläche des Auges. *A* von vorn, *B* von hinten gesehen, *C* die wahre Form der innern vordern Fläche, natürl. Grösse. *a* die Pupille, *b* die Augenrinne, *c* die Augenhülle, *d* Durchschnitt der Retina, an der man sehr deutlich die Schichten der Stäbchen, des Pigmentes und der äussern Retina erkennt, die Fläche der Retina ist faltig, *e* eine künstlich erzeugte Pigmentlücke in der Pigmenthaut. In *A* ist die Fläche mit den von *Valenciennes* erwähnten Grübchen bedeckt.

Fig. 73. Das Auge schräg von vorn und oben gesehen, der membranöse Rand ist auf der einen Seite umgeschlagen. *a* der Ausschnitt, mit dem die Rinne beginnt, *b* die rundliche Oeffnung der Rinne dicht vor der hier eingezogenen Pupille.

Fig. 74. Verticaldurchschnitt des Auges, natürl. Grösse. *a* der Stiel, *b* der hier zusammengezogene membranöse Rand, *c* die Basementmembrane mit Hülfe einiger darunter verlaufender, aber nicht unterscheidbarer Muskeln so deutlich hervortretend, *d* Nerven und Muskelstämme, *e* Pupille, *f* Substanz der Augenhülle.

Fig. 75. Durchschnitte des Augenstieles, natürl. Grösse. *A* am Grunde, *B* näher dem Auge. *a* ein kleinerer, *a'* ein grösserer Nervenstamm, später verschmelzen beide mit einander, *b* äussere Muskelzüge im Durchschnitt, *c* Canal im Tentakel, *d* Durchschnitt eines Sinus, der tief zwischen Tentakel und Augenkapsel hineingeht.

Fig. 76. Die Rinne im Durchschnitt mit ihrem Epithel bekleidet. *A* 25mal vergr., *B* 150mal vergr. *a* Flimmerepithel, *b* Basementmembrane.

Fig. 77. Die Kämme, mit welchen die Rinne beginnt, im Durchschnitt. 25mal vergr. *a* Reste des Epithels, *b* Basementmembrane. Die hellen Stellen im Parenchym sind Muskeln und Nervenzüge, die Löcher Gefässe.

Fig. 78. Schnitt aus der Augenhülle. 500mal vergr. *a* homogene Grundsubstanz, *b* Bindegewebsbündel, *c* Muskeln.

Fig. 79. Schnitt durch die äussere Fläche des Bulbus. 500mal vergr. *a* Basementmembrane, *b* Nervendurchschnitte, *c* Lücken in der Grundmembran, *d* eine kernreichere Grundsubstanz, *e* Flimmerepithel. Durch die Grundmembran gehen viele feine Faserzüge quer hindurch.

Fig. 80. Schnitt durch den Rand der Pupille. 300mal vergr. *a* Epithel der äussern Haut, welches am Rande allmählich niedriger wird und hier Pigment aufnimmt, *b* Pigmentzellen der Augenhöhle, bedeckt mit einer hellen Basalmembran (*c*).

Fig. 81. *A* Innere Fläche des Auges am Rande der Pupille, bei auffallendem Licht. 25mal vergr. *a* Pupillarrand, *b* Augenhülle. *B* Uebergang zwischen Retina und Pigmentstratum bei auffallendem Licht. 25mal vergr. Man sieht bei *a* die helle, wollig aussehende Retina mit ihren Falten, durch welche das Retinapigment hindurch schimmert, *b* die Uebergangsstelle, *c* die Pigmenthaut.

Tafel XX.

Fig. 82. Retinadurchschnitt vom Nautilus. 400mal vergr. *a* Stäbchen, *b* Pigment, *c* Stäbchenzellen, *d* Grenzmembran, *e* äussere Retina, *f* Nerven, *g* Bindegewebe.

Fig. 83. Querschnitt von der Uebergangszone der Retina in die Pigmenthaut. 400mal vergr. *a* Stäbchenschicht, *b* Pigmentzellen, *c* Ende der äussern Retina, *d* Bindegewebe, *e* Nerv, *f* homogene Membran, *g* Gerinnsel unter derselben.

Fig. 84. Stücke der Retina von Nautilus. *A* Stäbchenzellen in situ, *a* äussere Retina, *b* Grenzmembran, *c* Stäbchenzellen, *d* Nervenfasern, *e* Fäden der Stäbchen, aus dem Pigment hervortretend. *B* einige Stäbchenzellen isolirt, *a* Zelle mit so langen äussern Fäden, dass derselbe tief in die äussere Retina hineingegangen sein muss, *b* auf den Zellen sitzende Stäbchen, *c* eine sehr schmale Zelle, an deren Stäbchenfaden nur hin und wieder noch Substanz des Stäbchens hängt, *d* isolirte Stäbchenfäden, *e* Zellen mit mehrfachen äussern Ausläufern, *f* Zelle, welche scheinbar nur den Nerven umgiebt, ohne dass der Nerv in ihr sich auflöst. 600mal vergr.

Fig. 85. Auge von Firoloides mit seinen Nerven herauspräparirt. 15mal vergr. *a* Augenwand, *a'* der Rest der entfernten Cornea, *b* Tentakel, *c* Nervus opticus, *d* grosser vorderer, *e* kleiner vorderer Nerv, *f* Muskelnerv des Auges, *g* Nervenplexus, *h, i* kleine seitliche Augennerven auf der linken Seite abgerissen, *k* Rest der Kapsel.

Fig. 86. Der Plexus von Pterotrachea mutica. 500mal vergr. *a* zutretender Ast des

Muskelnerven, *b* der weitergehende Ast, welcher viele Fasern aus dem Plexus bezieht, *c* das zum Auge gesandte Ende des Plexus, *d* die zum andern Auge hinüberstrahlenden Aeste.

Fig. 87. Auge von Pterotrachea Friderici der Länge nach gespalten und auseinandergeklappt, die Contenta entfernt. Der Schnitt glückte nicht vollkommen, insofern des Auge etwas zerbrach, und in dem linken Theile etwas mehr Retina sitzen blieb, jedoch liess sich alles in die richtige Form wieder zusammenpassen.

Schematisch ist an diesem Auge die Gleichmässigkeit der Zellen (denn die Pigmentirung ist mehr fleckig) und die Schärfe des Schnittrandes. Wenigstens sah ich die Verhältnisse damals nicht so scharf, die ich erst später an den Durchschnitten erkannte. Auch die Stäbchenschicht war nicht so wohl erhalten, wie ich es anzugeben mir erlaubt habe. Man sieht nun die Hüllhaut (*H*) das ganze Auge continuirlich umgehen. Diese ist überall von dem Epithel ausgekleidet, welches den Abtheilungen ihren Charakter giebt. Bei *a* findet sich das wenig getrübte Epithel der Cornea, welches mit scharfem Rande sich von der Pigmenthaut (*b*) absetzt. Letztere Schicht geht mit einer Zunge bis zum Schnabel des Augenkahnes hinab. Auf sie folgt die Fenestra bulbi (*Fstr*), deren eigenthümliche Form ja die Zeichnung ergiebt, und welche durch die Stria opaca (*Str*) durchzogen wird. Man erkennt am Rande den auffallenden Dickenunterschied. Darauf folgen die Costae (*Cst*), eine Schicht gestreckter Pigmentzellen, an denen wir einen obern schwarzen und einen untern hellern Theil zu unterscheiden haben. Im Grunde des Auges sieht man die Retina (*R*), der Nervus opticus (*NO*) tritt an sie heran und bildet die Carina (*C*). Die Retina ist von den Stäbchen (*r′′′*) getrennt durch Pigment. Man erkennt deutlich zwei Schichten, die Zellen (*r′′*) und die äussern Schichten der Retina (*r′*).

Tafel XXI.

Fig. 88. Die Contenta desselben Auges. *A* Linse (*a*) und Glaskörper (*b*) sind noch vereint, an letzterem hängt die homogene Membran *c*, 25mal vergr. *B* Die Linse, 500mal vergr. *a* Linse, *b* Epithel der Linse, *c* Epithel der Cornea. *C* die Membrana homogenea, 250mal vergr.; es sitzen noch Reste der Stäbchen ihr an. Man sieht in der Mitte bei *a*, wo übrigens die Membran abgebrochen ist, eine fast spaltförmige Verdünnung, bei *b* liegt ihr dickster Theil, bei *c* endet sie mit scharfem Rande, bei *d* findet sich eine Einknickung ihrer verdickten Schicht, die sich dort auch bei andern Augen fand.

Fig. 89. Durchschnitt durch die Membranen des Auges von Pterotrachea Friederici 300mal vergr. *a* Pigmenthaut, *Fstr* die hellen cylindrischen Zellen des Fensters, *Str* die Stria opaca, *Cst* die Costae, deren verschiedene Intensität an Querschnitten kaum auffällt.

Fig. 90. Querschnitt des Auges von Pterotrachea, 250mal vergr. Das Präparat war links in den Costae eingebrochen, und für die linke Seite der Retina habe ich daher andere naheliegende Schnitte zu Hülfe genommen. Die Stäbchen waren an den Enden zum Theil lädirt. *H* Hüllhaut, *Str* Stria opaca, *Fstr* Fenestra, *Cst* Costae, auf der einen Seite viel schmäler und weniger ausgeprägt, *St* Stäbchen; *a* scharfer Anfang der Retina, *b* die ersten Schichten der Retina, *c* die folgenden Schichten. Die schwarzen Puncte sind pigmentirte Kerne, die hier ziemlich unregelmässig lagen.

Fig. 91. Scharfes Ende der Retina, 600mal vergr. Die Carina fällt nicht mehr in den Bereich des Schnittes. *Cst* Costa *a* Hüllhaut, *b* Ende der Radiärfasern, c Sternzellen, d Faserschicht, e Cylinderzellen, f Pigmentzellen, deren Kerne hin und wieder nur sehr schwach pigmentirt sind, g fadenförmige Ausläufer der Zellen, h Stäbchen, die zum Theil nur hinzugezeichnet sind.

Fig. 92. A Stück der zerzupften Retina, 600mal vergr. a Ende der Radiärfasern, b Sternzellen, c Nervenfasern aus der Faserschicht, d Kerne, die zu den Cylinderzellen zu gehören scheinen, e Cylinderzellen, pigmentirte Kerne der Pigmentzellen, die ich aber in diesem Falle durchaus nicht als isolirte Zellen erkennen konnte, g Nervenfasern zwischen den Cylinderzellen. B Stäbchen, 600mal vergr. a Bruchstücke der Stäbchenzellen, an den Stäbchen hängend, b ein zapfenförmiges Stäbchen.

Fig. 93. A u. B das Auge von Helix, 600mal vergr., mit Chromsäure erhärtet. A ein Schnitt von der Retina. a die pigmentfreien Enden der Stäbchen, die wohl etwas zu breit gezeichnet sind, da die Linse noch an dem Präparat lag, b Pigment um die Stäbchen, c Körnerschicht, die links etwas zurückgedrängt ist, wodurch dann der Zusammenhang mit den Nerven dem Anschein nach klarer ward, d Nervenschicht, e Augenhülle mit Nerven (Carminimhibition). B Schnitt durch die Cornea. a die Linse, b die Stäbchen, c Epithel der Cornea, d Hullhaut des Auges, e Hüllhaut der Linse, f Fadenzellen vor der Linse (Imbibition). C isolirte Stäbchen von Aeolidia, Chromsäurepräp.

Fig. 94. Augen von Pecten. A nach Krohn, B nach Keferstein.

Fig. 95. Auge von Pecten Jacobaeus, 250mal vergr. Nach mehreren mit Carmin imbibirten Augen gezeichnet und schematisch gehalten. a der Augenstiel, b Muskeln, c äusseres Pigmentepithel, d die beiden Augennerven, e die Augenhülle, f die Linsensubstanz, g die Scheidewand zwischen vorderem und hinterem Augenraum, h die erste Zellenlage der Retina, welche ihre Fortsätze durch die zweite hindurch an die Stäbchen sendet, i Eintritt des hintern Augennerven, k die seitlichen Wülste der zweiten Zellenschicht, l das braune Pigment, m die Argentea, n die Stäbchenschicht.

Fig. 96. Erste Retinaschicht von Pecten, 600mal vergr. a die Augenscheidewand. b Reste des vordern Nerven, c die erste Zellenschicht, auf der einen Seite noch der Scheidewand dicht anliegend, auf der andern davon abgetrennt, wobei dann die Zellen ihre Nerven etwas mit herausgezogen haben, d abgerissene Nerven, e scheinbar die Zellenschicht durchsetzende Nerven, denen jedoch immer etwas Zellsubstanz anhängt.

Fig. 97. Ein Theil der zweiten Zellenschicht von Pecten, um das Verhalten der fadenförmigen Ausläufer der ersten Zellenschicht zu zeigen. a die durchtretenden Fasern, h die etwas grob varicös erscheinenden Ausläufer der zweiten Zellenschicht c, d die etwas zerstörten und aus der normalen Lage gebrachten Stäbchen, e Begrenzung des seitlichen Wulstes der Retina, 500mal vergr.

Fig. 98. Isolirte Zellen aus der zweiten Zellenschicht von Pecten, 600mal vergr. a neben den Zellen verlaufende Nerven, b Stäbchen, b' wahrscheinlich etwas veränderte, ausgeflossene Stäbchen, c Fäden in den Stäbchen, d verbreitertes Ende der Zellen, durch das die Grenzlinie zwischen Stäbchen- und Zellenschicht erzeugt wird, e der zur Zelle gehörige Nerv, welcher von Zellsubstanzanschwellungen umgeben ist. Die jetzige Form entspricht natürlich nicht der Norm, aber zeigt doch, dass der Nerv hier durch Zellen hindurch geht, oder ihnen angewachsen ist, o h n e d a r i n a u f z u g e h e n. f Cylinderzellen des äussern Pigmentes mit hellem lichtbrechendem Ende, f' trägt cilienartige Härchen, g Zelle aus dem innern Pigment, der Kern war mit dichtem Pigment umgeben.